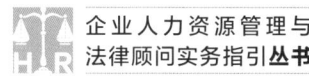
企业人力资源管理与
法律顾问实务指引**丛书**

# 企业劳动用工
## 风险管控
## 合规百问

北京市东城区律师协会◎编著

中国法制出版社
CHINA LEGAL PUBLISHING HOUSE

# 编委会

主　　　编：刘　新
副 主 编：白砚军　张世国　叶　强　张峻铭
执 行 主 编：郝云峰
执行副主编：吕红梅　李　熠　惠大帅　陈　雷
编　　　委：曹慧敏　杜　琨　李晓静　谭威威
　　　　　　王少杰　王　艳　谢燕平　臧　瑶
　　　　　　张清鑫　张希宁　赵金涛　周敏华

# 推荐序一
Preface

近年来,"企业合规"成为我国经济和法律领域的一个热词,国家层面也提出要"引导企业加强合规管理"。合规已经成为企业经营的应有之义。对人力资源从业者来说,人力资源管理合规既是其职责所在,也是帮助公司化解劳动争议、应对劳动风险的重要内容。基于企业合规视角下的人力资源法律服务实务前沿,北京市东城区律师协会东律韶华研究院劳动与社会保障业务研究会对当下法律实务中人力资源管理合规的重点、难点进行了广泛调研和深度研讨,在宏观切入、微观选题、深度解读、具体分析的基础上编成此书。全书涵盖企业用工全过程,从人力资源管理过程中遇到的最基础、最根本的问题出发,以点带面,简洁明了地解答了企业在劳动用工管理过程中常见的劳动法问题。对相关问题的解答精准,实操性强,充分展现了专业律师对人力资源合规进行全方位剖析的思考、探索与总结的成果。

第四届北京市东城区律师协会换届伊始,即将党建与业务的深度融合作为本届协会的工作重心,力促东城区律师行业专业化水平全面提升。协会成立专业化建设领导小组,设立"东律韶华研究院",以多种形式加强专业化建设,鼓励业务研究和成果积累。研究院下设的13个业务研究会(第一批),立足本专业领域和研究方向,广泛开展了多个系列的专业培训、调研研讨和学习交流活动,同时将业务研究和服务延展至实务应用领域,受到行业内外的一致欢迎。

我在东律韶华研究院各研究会成立时,对研究会提出了"五个一"的任务要求:每季度开展一次内部交流活动,每年面向全区律师开展一次本专业领域的大型培训,每年承办一次东城律师专业论坛,每年发挥专业优势开展一次专项公益法律服务,届满前编辑出版一本研究文集。本书是本届协会出版的第一本图书,劳动与社会保障业务研究会开了一个好头。书中呈现的,是东城律师行业劳动业务领域专业律师经年沉淀的实务经验与思考,其中不乏资深律师视野宏阔、角度新颖的独立见解,内容切近实务,相信无论是人力资源从业者,还是相关领域的专业律师,都能从中得到启发与帮助。

衷心希望本书的出版,能够帮助广大读者明"法"而力行,为企业构建和谐的劳动关系提供有力的参考和指导。同时,也希望本书的出版,为东律韶华研究院各研究会提供一个有益的范本，鼓励和带动其他研究会发挥专业才智和优势，尽快形成具有东律韶华研究院特色的研究成果，让东城律师在更广阔和更深层的领域被看见、被感知、被认识，以专业和情怀共同建设东城律师的品牌，促进东城律师行业高质量发展。

刘 新

北京市东城区律师协会 会长

2024 年 5 月

# 推荐序二
Preface

1994年7月5日，第八届全国人民代表大会常务委员会第八次会议通过《中华人民共和国劳动法》（以下简称《劳动法》），今年是《劳动法》通过的第三十年。我国现行的劳动法律制度主要经历了三个阶段：1978年至1994年为第一阶段，即我国劳动法律制度的起步阶段；1994年《劳动法》颁布，我国劳动法律制度进入第二个阶段，即我国劳动法律制度的形成阶段；2007年6月29日《中华人民共和国劳动合同法》（以下简称《劳动合同法》）颁布，我国劳动法律制度进入第三阶段，即我国劳动法律制度的完善与实施阶段。我国劳动法律制度的发展进步，凝聚着几代人艰苦卓绝的奋斗。

1994年，我发起组建了北京律师协会劳动与社会保障法律专业委员会；2002年，我又发起组建了中华全国律师协会劳动与社会保障法专业委员会。现在，北京各区律师协会大多组建了区一级的劳动与社会保障法专业委员会。律师行业专业化发展水平的不断提升对于提高律师服务质量有着重要作用。东律韶华研究院劳动与社会保障业务研究会于2023年7月组建成立，在成立不到一年的时间里就出版本书，一方面体现了律协领导对律师行业专业化发展的高度重视；另一方面也体现了基层律协专业研究的蓬勃发展，让人颇感欣慰。

当前，企业用工环境日益复杂多变，劳动用工风险也不断出现。如何合规管理员工、降低用工风险，成为企业亟待解决的问题。本书正是针对这一需求，详细解答了用工过程中可能遇到的各类问题。相信本书能为企业和劳动者提供宝贵的参考指南，为企业用工风险管控提供实战指导。

本书对企业遇到的各类劳动法律问题进行了深入浅出的解读，让读者能够轻松理解并掌握其中的精髓。同时，本书还针对企业用工过程中常见的风险点，提出了具体的管控措施和合规建议，帮助企业规避违规风险、提升管理水平。

此外，本书还展现了律师行业专业化发展的成果。作为劳动与社会保障法律领域的从业者，编委会成员凭借其丰富的实践经验和深厚的理论素养，解答了企业最为关注的劳动法律问题。这也正是律师行业专业化发展的重要性所在，只有不断提升专业化水平，才能更好地服务企业、服务社会。

姜俊禄

中华全国律师协会劳动与社会保障法专业委员会　主任

2024 年 5 月

# 序
Preface

如何成为"党和人民满意的好律师"是每一位律师必须研究和面对的课题。

2023年7月28日，东律韶华研究院劳动与社会保障业务研究会等十三个研究会成立，我有幸成为劳动与社会保障业务研究会的首届主任。劳动与社会保障是关系国计民生的重要领域，也是律师行业服务大局、服务人民的重要阵地。作为研究会主任，将"做党和人民满意的好律师"落到实处是我义不容辞的责任。在北京市东城区律师协会刘新会长、白砚军副会长、张世国副会长的大力支持下，研究会关于服务东城律师、深入专业研究方面的工作取得了显著进展，本书由此得以问世。

在我的执业生涯中，解答各类法律咨询是我的工作常态。我也经常思考，有什么办法可以让用人单位在遇到问题时快速找到答案。基于这个初衷，在筹划研究会2024年工作时，我就有了出一本小册子，将用人单位最关注的劳动法问题汇总起来的想法，这样用人单位通过这本小册子就能知道如何做到合规、合法用工，用人单位合规、合法用工了，劳动者的权益也就得到了保障。在研究会全体委员的共同努力下，大家利用春节假期完成了本书的初稿。在审核校对的过程中，我被各位委员的敬业精神所感动，也被委员们的专业素养所折服。仅仅印刷成小册子，传播的范围及社会效果将十分有限。如果能出版发行，受益人群就会大大增加。

法治的进步离不开法律人的责任与担当，更离不开以实际行动促进和推动社会进步的每一位建设者。如果没有刘新会长、白砚军副会长、张世国副会长等北京市东城区律师协会各位领导的支持，如果没有研究会每一位委员的辛勤付出，如果没有出版社编辑老师的细心打磨，这本书就不可能面世，在这里我要向他们表示最衷心的谢意！以高度的政治责任感和历史使命感，带领研究会深入研究劳动与社会保障领域的法律问题，为推进法治建设、促进社会公平正义贡献智慧和力量正是对那些关注和帮助我们前行的每一位师长、友人的最好报答。

未来，我们将紧密围绕党和国家的工作大局，紧密结合人民群众的实际需求，聚焦劳动与社会保障领域的热点难点问题，加强理论研究和实践探索，不断提升研究水平和服务能力。我们将积极搭建交流平台，加强律师之间的合作与沟通，形成合力，共同推动劳动与社会保障法律服务的创新发展。同时，我们将加强劳动法律师的专业培养和队伍建设，为律师行业的可持续发展注入新的活力。

让我们携手并进，共同书写律师行业新的辉煌篇章！

郝云峰

东律韶华研究院劳动与社会保障业务研究会　主任

2024年初夏

# 目录
CONTENTS

**第一章
劳动关系的
建立与认定**

1 用人单位在招聘公告中应避免出现哪些限制性条件? 003
2 用人单位在招聘过程中能否询问应聘妇女婚育情况? 004
3 用人单位发了 Offer 后又拒绝录用有什么法律后果? 005
4 退休人员继续为用人单位提供劳动,建立的是劳动关系还是劳务关系? 006
5 达到法定退休年龄的人员能否与用人单位建立劳动关系? 007
6 即将毕业的大学生能否与用人单位建立劳动关系? 008

## 第二章
### 劳动合同的签订与不依法签订劳动合同的后果

7 用人单位应当何时与劳动者签订劳动合同？ 013

8 不签劳动合同的后果及二倍工资差额的计算基数是什么？ 014

9 总经理、人力资源部负责人未签劳动合同是否需要支付二倍工资？ 015

10 已签订两次固定期限劳动合同，第三次还可以签固定期限劳动合同吗？ 016

11 劳动关系建立后劳动者拒签劳动合同，用人单位如何处理？ 017

12 用人单位与劳动者签订试用期劳动合同有什么风险？ 018

## 第三章
### 劳动合同的履行与变更

13 与离职后再次入职的劳动者可以约定试用期吗？ 021

14 双方协商一致可否延长试用期？ 022

15 用人单位单方变更工作地点，但变更前后的工作地点都在同一城市，劳动者可以主张被迫离职并要求经济补偿吗？ 023

16 岗位取消属于客观情况发生重大变化吗？ 024

17 企业经营困难，可以对员工降薪吗？ 025

18 用人单位的调岗安排，劳动者必须服

| | | |
|---|---|---|
| | 从吗？ | 026 |
| 19 | 对员工调岗，员工不同意怎么办？ | 027 |
| 20 | 部门解散，可以安排员工待岗吗？ | 028 |
| 21 | 待岗期间工资如何发放？ | 029 |
| 22 | 加班工资如何计发？ | 030 |
| 23 | 加班工资基数如何确定？ | 032 |
| 24 | 工资发放日期是如何规定的？ | 035 |
| 25 | 什么是综合计算工时工作制？哪些人员适用综合计算工时工作制？ | 036 |
| 26 | 什么是不定时工作制？企业实行不定时工作制应履行哪些手续？哪些人员适用不定时工作制？ | 038 |
| 27 | 享有年休假的资格、年休假的天数如何确定？ | 040 |
| 28 | 用人单位关于"年休假过期作废"的规定是否有效？ | 042 |

**第四章 病假与医疗期**

| | | |
|---|---|---|
| 29 | 病假与医疗期有哪些区别和联系？ | 047 |
| 30 | 医疗期如何计算？ | 049 |
| 31 | 用人单位能否要求患病劳动者到指定医院复诊？ | 052 |
| 32 | 劳动者频繁请病假，用人单位如何应对？ | 054 |

## 第五章
## 社会保险

33 工伤认定的标准有哪些？参加公司组织的运动会受伤算工伤吗？ 057

34 上班路上受到道路交通事故伤害，治疗期间工资如何发放？ 058

35 在工作时与他人发生口角进而打架受伤，算工伤吗？ 059

36 劳动者在工作时突发心肌梗死抢救三天后死亡，算工伤吗？ 060

37 劳动者下班后，在公司宿舍突发心肌梗死，8小时后死亡，算工伤吗？ 061

38 用人单位未按劳动者实际工资收入为其缴纳社保有何法律风险？ 062

39 员工申请不缴社保，用人单位也同意，用人单位是否可以不为该员工缴社保？ 063

40 用人单位因故未给劳动者缴纳社保，导致劳动者无法享受退休待遇，劳动者可以向用人单位主张赔偿吗？ 064

41 停薪留职人员的社保费用应如何分担？ 065

42 劳动者以用人单位未足额缴纳社保、被迫离职为由主张经济补偿能否获得支持？ 066

## 第六章 劳动合同的解除

43 用人单位如何与试用期内的劳动者解除劳动合同? 069

44 劳动合同解除时,劳动者能否主张递延奖金? 071

45 经济性裁员适用的主要情形有哪些? 072

46 用人单位不得解除劳动合同的情形有哪些? 073

47 用人单位可以单方解除劳动合同的情形有哪些? 074

48 在什么情况下,用人单位需要向劳动者支付代通知金? 077

49 用人单位违法解除劳动合同的法律后果是什么? 078

50 解除劳动合同通知书应载明的内容有哪些? 079

51 离职证明应载明的内容有哪些? 080

52 医疗期满,用人单位如何解除劳动合同? 081

53 劳动者业绩不达标,用人单位可以解除劳动合同的约定合法吗? 083

54 公司因业务无法开展进行组织架构调整,取消了员工所在岗位,员工不接受调岗,在没有任何工作安排的情况下按原岗位准时上下班,公司应该怎么处理? 084

55 劳动者总是完不成工作任务,用人单位

能据此解除劳动合同吗？ 085

56 部门裁撤是否属于客观情况发生重大变化？ 086

57 劳动者递交辞职信并办理了工作交接后发现怀孕的，能否撤回辞职信？ 087

58 劳动者提前三十日递交辞职信，用人单位说不用等三十日，明天就解除，违法吗？ 088

59 什么是经济性裁员？适用经济性裁员须履行什么程序？ 089

60 工会在劳动合同解除过程中的作用有哪些？ 090

## 第七章 劳动合同的终止

61 劳动合同到期终止，用人单位需要提前通知劳动者吗？ 093

62 工伤鉴定结论已出，劳动合同已到期，该劳动合同能否终止？ 094

63 劳动者达到法定退休年龄，但未开始享受养老保险待遇，劳动合同能终止吗？ 095

64 劳动合同终止的情形有哪些？ 097

## 第八章 经济补偿

65 劳动者辞职，用人单位需要支付经济补偿吗？ 101

66 劳动合同到期终止，用人单位需要支付经济补偿吗？ 102

67 解除劳动合同的经济补偿金如何计税？ 103

68 解除劳动合同经济补偿的上限是 12 个月的工资吗？ 104

69 加班费要计入经济补偿的计算基数吗？ 105

70 什么情形下用人单位解除劳动合同不需要支付经济补偿？ 106

## 第九章 员工手册的合法与合规

71 员工手册需要经过哪些程序才对劳动者发生法律效力？ 109

72 出差报销的财务制度需要经过民主程序和公示程序吗？ 110

73 母公司制定的规章制度如何在子公司适用？ 111

74 公司实行新的考勤制度，需要经过民主程序和公示程序吗？ 112

75 用人单位在规章制度中规定"12 月 31 日前离职的员工不发本年度年终奖"，该规定是否有效？ 113

76 劳动者履行请假手续后去其他单位上班，用人单位应如何处理？ 115

77 员工手册规定"旷工 1 天扣 3 天工资"，

是否合法？ 116

78 员工绩效差，用人单位可以实施末位淘汰制吗？ 117

79 员工在商业交易中向竞争对手透露本公司底价，但规章制度中对此并没有规定，用人单位可以依据什么解除劳动合同？ 118

## 第十章 "三期"女职工的劳动权益保护

80 入职后，用人单位可以要求劳动者在员工登记表中填写孕、产期吗？ 121

81 怀孕职工频繁请长病假，用人单位怎么办？ 122

82 怀孕职工未经请假连续一周未到岗，用人单位能以旷工为由解除劳动合同吗？ 124

83 原岗位已安排他人，用人单位可以对产假结束后返岗的女职工调岗吗？ 125

84 女职工产假期间的工资如何发放？ 126

85 产假未结束的女职工返岗工作，除了生育津贴，还需要再发一份工资吗？ 127

86 产检假是如何规定的？ 129

87 陪产假的概念、天数、请休假程序是如何规定的？ 130

88 员工在试用期内怀孕，用人单位能解除劳动合同吗？ 132

89 每天 1 小时的哺乳时间可以在累计 8 小时后休 1 天假吗? 133

90 劳动合同在哺乳期内到期的,用人单位应当如何处理? 134

91 女职工未婚生育的,可以休产假吗? 135

## 第十一章 竞业限制

92 在职期间履行竞业限制义务的约定是否有效? 139

93 竞业限制补偿金的标准是如何规定的? 141

94 竞业限制违约金的标准如何确定? 143

95 能否约定违反保密协议的员工须向用人单位支付违约金? 144

96 劳动者可以提前解除竞业限制协议吗? 145

97 用人单位可以提前解除竞业限制协议吗? 146

## 第十二章 劳务派遣与劳务外包

98 劳务派遣和劳务外包有什么区别? 149

99 派遣工签订的两次及以上固定期限劳动合同到期,派遣公司能否终止到期的劳动合同? 151

100 劳务派遣单位、用工单位和劳动者的权利义务分别是什么? 153

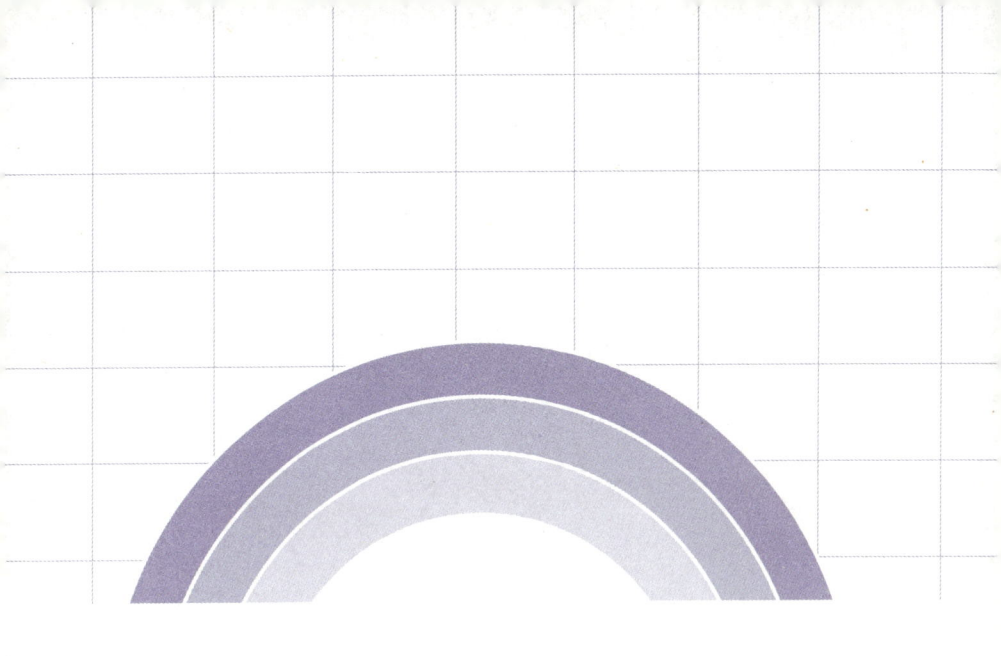

# 第一章
# 劳动关系的建立与认定

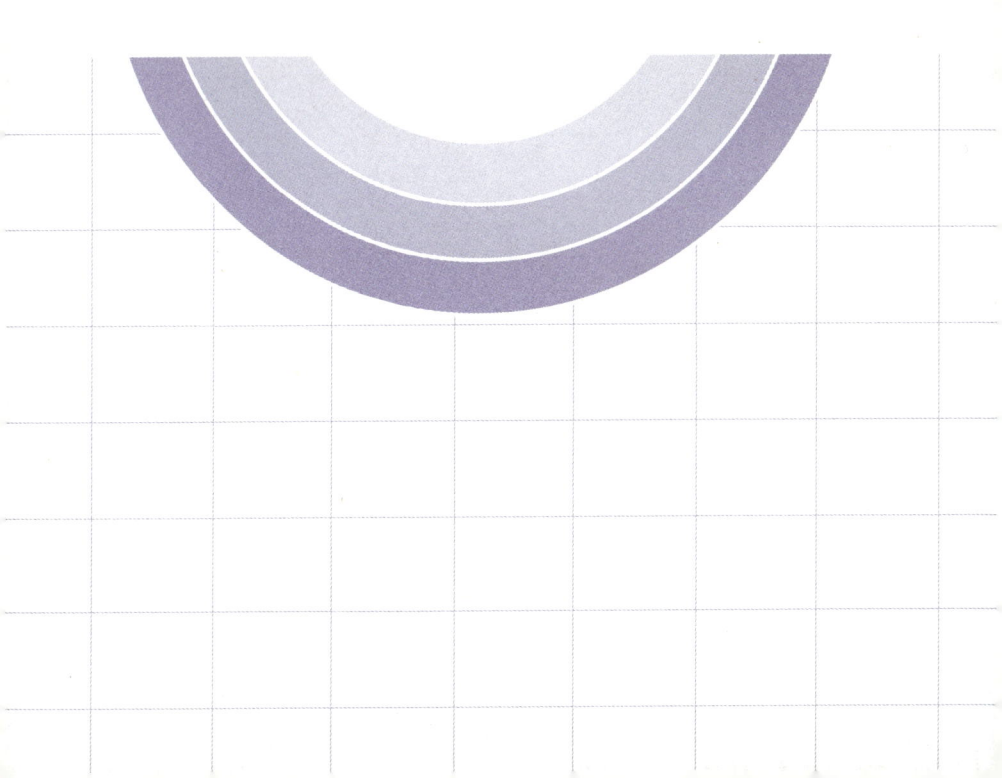

## 1 用人单位在招聘公告中应避免出现哪些限制性条件?

答:《中华人民共和国就业促进法》第三条规定:"劳动者依法享有平等就业和自主择业的权利。劳动者就业,不因民族、种族、性别、宗教信仰等不同而受歧视。"第二十七条规定:"国家保障妇女享有与男子平等的劳动权利。用人单位招用人员,除国家规定的不适合妇女的工种或者岗位外,不得以性别为由拒绝录用妇女或者提高对妇女的录用标准。用人单位录用女职工,不得在劳动合同中规定限制女职工结婚、生育的内容。"根据上述法律规定,用人单位在招聘公告中应当避免出现民族、种族、性别、宗教信仰等限制性条件,避免侵犯劳动者的平等就业权。如用人单位在招聘条件中要求"仅限男性",就会侵犯女性劳动者的平等就业权,女性劳动者若据此提起诉讼,招聘单位就会面临赔偿女性劳动者精神损害抚慰金的法律风险。

## 2 用人单位在招聘过程中能否询问应聘妇女婚育情况?

答:《人力资源社会保障部、教育部等九部门关于进一步规范招聘行为促进妇女就业的通知》第二条规定:"依法禁止招聘环节中的就业性别歧视。各类用人单位、人力资源服务机构在拟定招聘计划、发布招聘信息、招用人员过程中,不得限定性别(国家规定的女职工禁忌劳动范围等情况除外)或性别优先,不得以性别为由限制妇女求职就业、拒绝录用妇女,不得询问妇女婚育情况,不得将妊娠测试作为入职体检项目,不得将限制生育作为录用条件,不得差别化地提高对妇女的录用标准。国有企事业单位、公共就业人才服务机构及各部门所属人力资源服务机构要带头遵法守法,坚决禁止就业性别歧视行为。"根据该规定,如果应聘者为女性,招聘单位不得询问其是否结婚、是否生育。若用人单位的员工招聘登记表中有是否结婚、是否生育的项目,建议删除,避免侵犯妇女平等就业权。

## 3 用人单位发了 Offer 后又拒绝录用有什么法律后果?

答:用人单位向劳动者发了 Offer(录用通知)后,在劳动者入职前又拒绝录用劳动者,该行为违反了诚实信用原则,如果给劳动者造成损失,那么赔偿损失是必然的。至于赔偿的数额,需要按照 Offer 中约定的违约金数额支付;如果没有约定,法院会参考 Offer 中约定的工资标准、劳动者在原单位的工资标准、劳动者的诉求、劳动者的年龄、就业市场现状等因素来确定具体的赔偿数额。一般情况下,用人单位应当按照劳动者离职前 1—6 个月的工资总额进行赔偿。我们建议用人单位在制订、实施招聘计划的过程中保持审慎态度,避免出现侵犯劳动者合法权益的行为,给自身带来不必要的诉累。

## 4 退休人员继续为用人单位提供劳动，建立的是劳动关系还是劳务关系？

答：这里的退休人员是指达到法定退休年龄并按月领取基本养老金的人员。根据《中华人民共和国劳动合同法》（以下简称《劳动合同法》）第四十四条的规定，劳动者开始依法享受基本养老保险待遇的，劳动合同终止。根据《最高人民法院关于审理劳动争议案件适用法律问题的解释（一）》第三十二条第一款的规定："用人单位与其招用的已经依法享受养老保险待遇或者领取退休金的人员发生用工争议而提起诉讼的，人民法院应当按劳务关系处理。"根据上述规定，退休人员与用人单位之间不能建立劳动关系，只能形成劳务关系。用人单位应当与退休人员签订劳务合同而不是劳动合同，通过劳务合同明确用工期间双方的权利义务，包括劳务合同履行期间的福利待遇、劳务合同的解除及补偿等。

## 5 达到法定退休年龄的人员能否与用人单位建立劳动关系?

答:这里的达到法定退休年龄的人员是指已经达到法定退休年龄但未享受养老保险待遇或领取退休金的劳动者。《中华人民共和国劳动合同法实施条例》(以下简称《劳动合同法实施条例》)第二十一条规定:"劳动者达到法定退休年龄的,劳动合同终止。"北京地区的观点是,依法享受养老保险待遇的人员、领取退休金的人员、达到法定退休年龄的人员,其与原用人单位或者新用人单位之间的用工关系按劳务关系处理。因此,我们可以得出一个基本的结论,劳动者达到法定退休年龄的,与用人单位之间的劳动关系终止,用人单位继续用工的,双方形成劳务关系。但是在实践中,也有观点认为,劳动者达到法定退休年龄,用人单位未与其解除劳动合同继续留用、未办理退休手续的,双方之间仍应为劳动关系[1]。

---

[1] 参见上海市第二中级人民法院(2022)沪02民终4010号。

## 6 即将毕业的大学生能否与用人单位建立劳动关系？

答：原劳动部《关于贯彻执行〈中华人民共和国劳动法〉若干问题的意见》第十二条规定："在校生利用业余时间勤工助学，不视为就业，未建立劳动关系，可以不签订劳动合同。"根据该规定，如果在校大学生仅仅是利用业余时间打零工或按照学校教学要求进行实习，并不会与用人单位形成劳动关系。但是，如果在校大学生完全按照一般劳动者的工作时间标准参加用人单位的工作，符合劳动关系的构成要件，双方也可形成劳动关系。在邓某与北京国某世纪教育科技有限公司的劳动争议案件中，法院认为，在校学生在用人单位进行实习，应当根据具体事实进行判断，对完成学校的社会实习安排或自行从事社会实践活动的实习，不认定为劳动关系，但用人单位与在校学生之间名为实习，实为劳动关系的除外。[1]也就是说，如果即将毕

---

[1] 参见北京市第二中级人民法院（2018）京 02 民终 6882 号。

业的大学生全职在用人单位工作，用人单位按时支付劳动报酬，大学生提供的劳动是用人单位业务的组成部分，那么该大学生与用人单位之间就成立劳动关系。

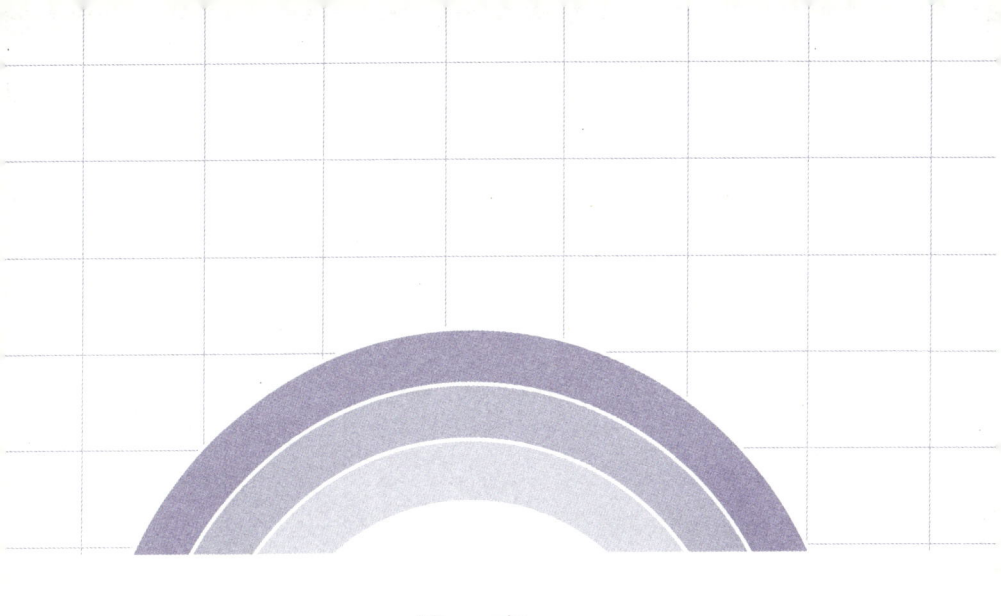

# 第二章
# 劳动合同的签订与不依法签订劳动合同的后果

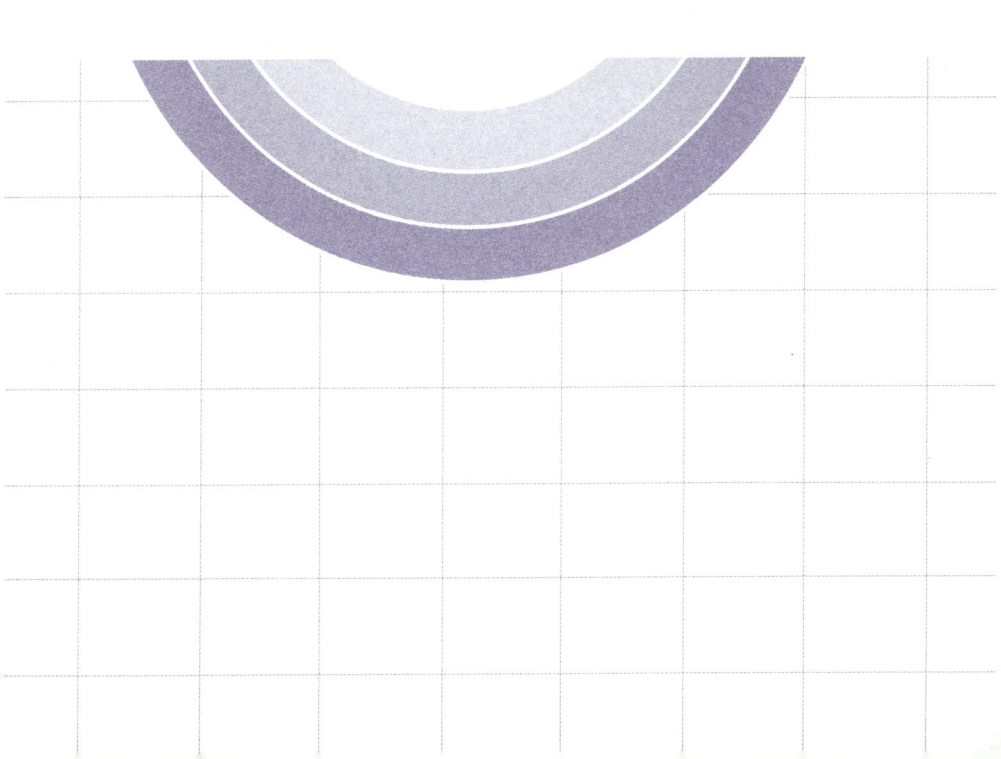

## 7 用人单位应当何时与劳动者签订劳动合同？

答：根据《劳动合同法》第十条第二款的规定："已建立劳动关系，未同时订立书面劳动合同的，应当自用工之日起一个月内订立书面劳动合同。"也就是说用人单位应当在劳动关系建立起的一个月与劳动者签订劳动合同，超过一个月仍未订立劳动合同的，就要承担未订立劳动合同支付二倍工资的法定责任。当然，也有用人单位与劳动者在用工前就订立劳动合同的，在这种情况下，劳动关系是自用工之日起建立而不是从签订劳动合同之日起建立。

## 8 不签劳动合同的后果及二倍工资差额的计算基数是什么？

答：根据《劳动合同法》第八十二条和《劳动合同法实施条例》第六、七条的规定，用人单位自用工之日起超过一个月不满一年未与劳动者订立书面劳动合同的，应当向劳动者每月支付两倍的工资，并与劳动者补订书面劳动合同。用人单位自用工之日起满一年未与劳动者订立书面劳动合同的，自用工之日起满一个月的次日至满一年的前一日应当向劳动者每月支付两倍的工资，并视为自用工之日起满一年的当日已经与劳动者订立无固定期限劳动合同，应当立即与劳动者补订书面劳动合同。北京地区在制定计算二倍工资的标准时，因基本工资、岗位工资、职务工资、工龄工资、级别工资等按月支付的工资组成项目具有连续性、稳定性，金额相对固定，属于劳动者正常劳动应得的工资，应作为未订立劳动合同二倍工资差额的计算基数，不固定发放的提成工资、奖金等一般不作为未订立劳动合同二倍工资差额的计算基数。

## 9 总经理、人力资源部负责人未签劳动合同是否需要支付二倍工资？

答：《劳动合同法》第八十二条第一款规定："用人单位自用工之日起超过一个月不满一年未与劳动者订立书面劳动合同的，应当向劳动者每月支付二倍的工资。"根据目前法院裁判观点，该法条的立法目的是督促用人单位在与劳动者建立劳动关系时及时签订书面劳动合同，不与劳动者签订书面劳动合同的用人单位需承担赔偿责任。但是，对于具有及时签订书面劳动合同工作职责的人事专员、主管人员、公司高级管理人员等劳动者，其系因未尽自身职责而未及时签订书面劳动合同，主张用人单位支付二倍工资，明显与立法目的不符，也与诚实信用原则和公平原则相悖。因此，用人单位不需要向上述人员支付未签订劳动合同的二倍工资。

## 10 已签订两次固定期限劳动合同，第三次还可以签固定期限劳动合同吗？

答：根据《劳动合同法实施条例》第十一条的规定，除劳动者与用人单位协商一致的情形外，劳动者依照《劳动合同法》第十四条第二款的规定，提出订立无固定期限劳动合同的，用人单位应当与其订立无固定期限劳动合同。换言之，在双方协商一致的情况下，劳动者与用人单位可以继续订立固定期限劳动合同。在实践中，劳动者签字确认的第三次固定期限劳动合同，被视为双方协商一致订立固定期限劳动合同，通常会获得裁审机关的认可。

## 11 劳动关系建立后劳动者拒签劳动合同，用人单位如何处理？

答：《劳动合同法实施条例》第五条规定："自用工之日起一个月内，经用人单位书面通知后，劳动者不与用人单位订立书面劳动合同的，用人单位应当书面通知劳动者终止劳动关系，无需向劳动者支付经济补偿，但是应当依法向劳动者支付其实际工作时间的劳动报酬。"第六条规定："用人单位自用工之日起超过一个月不满一年未与劳动者订立书面劳动合同的，应当依照劳动合同法第八十二条的规定向劳动者每月支付两倍的工资，并与劳动者补订书面劳动合同；劳动者不与用人单位订立书面劳动合同的，用人单位应当书面通知劳动者终止劳动关系，并依照劳动合同法第四十七条的规定支付经济补偿。前款规定的用人单位向劳动者每月支付两倍工资的起算时间为用工之日起满一个月的次日，截止时间为补订书面劳动合同的前一日。"通过以上规定可知，劳动者拒签劳动合同时，用人单位正确的做法是终止用工。

## 12 用人单位与劳动者签订试用期劳动合同有什么风险？

答：根据《劳动合同法》第十九条第四款规定："试用期包含在劳动合同期限内。劳动合同仅约定试用期的，试用期不成立，该期限为劳动合同期限。"因此，仅签订试用期劳动合同，视为没有约定试用期，用人单位无法对劳动者进行真正意义上的试用期考察，还会浪费一次签订固定期限劳动合同的机会；该份试用期劳动合同到期后签订正式劳动合同已经属于连续订立两次固定期限劳动合同了，第二次固定期限劳动合同到期后，用人单位无权单方终止劳动合同。

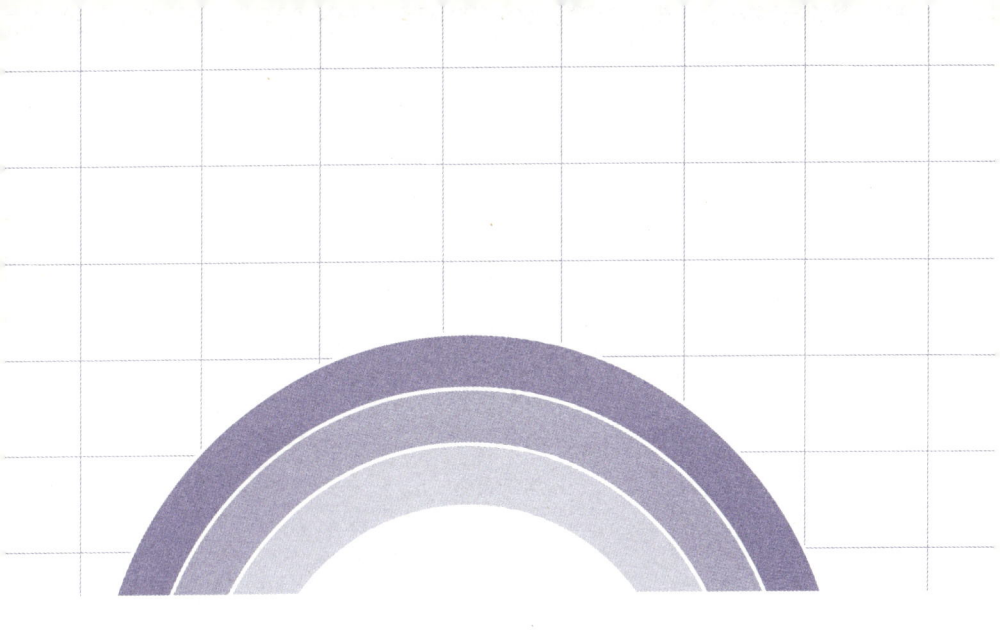

# 第三章
# 劳动合同的履行与变更

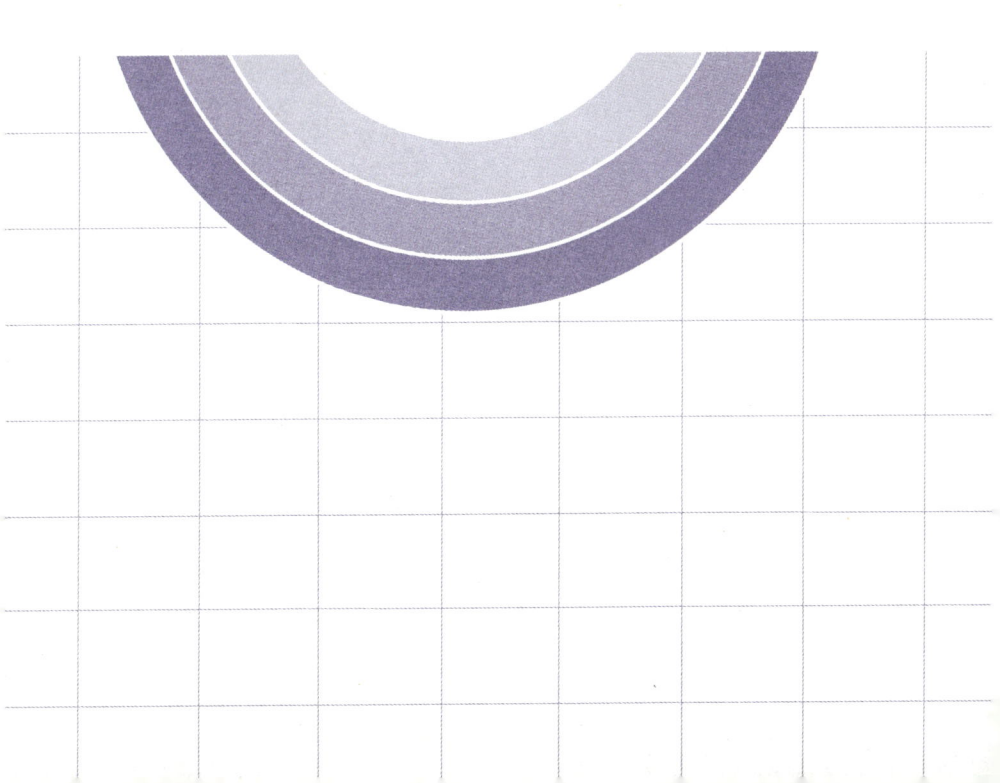

## 13 与离职后再次入职的劳动者可以约定试用期吗?

答:《劳动合同法》第十九条第二款规定:"同一用人单位与同一劳动者只能约定一次试用期。"原劳动部《关于实行劳动合同制度若干问题的通知》第四条规定:"用人单位对工作岗位没有发生变化的同一劳动者只能试用一次。"根据上述规定,如两次入职岗位相同,则不可再约定试用期;如岗位不同,是否可约定试用期,在实践中存在不同的观点。有观点认为应严格按上述规定文义理解,只要是同一用人单位与同一劳动者就不能再约定试用期;还有观点认为如前后两次劳动合同的岗位名称、工资标准均不相同,约定两次试用期并不存在违反法律规定的情形。[1]

---

[1] 参见北京市第三中级人民法院(2019)京 03 民终 5508 号。

## 14 双方协商一致可否延长试用期?

答:《劳动合同法》第十九条第二款规定:"同一用人单位与同一劳动者只能约定一次试用期。"根据上述规定,如果双方签订的劳动合同中明确约定了试用期,后再协商一致延长试用期属于再次约定试用期的行为,违反了法律规定,用人单位应当向劳动者支付违法约定试用期赔偿金。

## 15 用人单位单方变更工作地点,但变更前后的工作地点都在同一城市,劳动者可以主张被迫离职并要求经济补偿吗?

答:用人单位作为劳动关系中的管理方,有权根据公司的经营状况、劳动者的工作情况等变更劳动者的工作地点,但因工作地点直接涉及劳动者的切身利益,故用人单位变更劳动者工作地点应具有合理性。如用人单位与劳动者的劳动合同中约定工作地点为北京市,其在北京市内变更工作地点未对劳动者产生重大影响或严重侵犯劳动者权益的,应属用人单位经营管理自主权范畴,员工以此为由离职并主张经济补偿的依据不足;当然,如果变更工作地点对劳动者产生了实质性影响,用人单位也没有采取措施消除影响的,则也可能构成未按约定提供劳动条件,劳动者据此提出解除劳动合同并要求经济补偿就有可能获得法院支持。

## 16 岗位取消属于客观情况发生重大变化吗？

答：劳动合同订立时所依据的客观情况发生重大变化通常是指：（1）地震、火灾、水灾等自然灾害形成的不可抗力；（2）受法律、法规、政策变化导致用人单位迁移、资产转移或者停产、转产、转（改）制等重大变化的；（3）特许经营性质的用人单位经营范围等发生变化。如果用人单位根据自身经营需要或自主进行的经营性调整导致岗位取消，不属于法律规定的客观情况发生重大变化的情形。

## 17 企业经营困难，可以对员工降薪吗？

答：企业经营困难，可以对员工降薪，但需要根据法律的规定来降薪。根据《劳动合同法》第三十五条的规定："用人单位与劳动者协商一致，可以变更劳动合同约定的内容。变更劳动合同，应当采用书面形式。变更后的劳动合同文本由用人单位和劳动者各执一份。"如果用人单位需要给劳动者降薪，必须建立在与劳动者协商一致并且取得劳动者书面同意的基础上，如果用人单位单方面重新约定薪资标准，会违反法律法规。需要格外注意：特殊情形下，公司可行使经营自主权，根据自身经营状况对员工工资进行调整。如果劳动合同已约定"甲方可根据经营需要或岗位需要，调整乙方的劳动报酬"，或者员工手册规定"因公司内部架构调整、部门合并、撤销等，公司可对员工的岗位及工资作出相应调整"，此时，公司依照劳动合同和员工手册对员工职务工资或者绩效工资进行调整，有合理的合同及规章制度依据，属于公司在合理范畴内行使自主管理权。

## 18 用人单位的调岗安排,劳动者必须服从吗?

答:通常情况下,调整岗位属于变更劳动合同内容,需要用人单位与劳动者协商一致。当然,在劳动者不能胜任工作的情况下,用人单位享有单方调整劳动者工作岗位的权利,此时调岗,劳动者应当服从;劳动者拒绝服从的,用人单位有权依据相关规章制度的规定对劳动者作出相应的处理。

## 19 对员工调岗，员工不同意怎么办？

答：第一种情况，看用人单位是否在与劳动者的劳动合同中明确约定可以调整岗位。若有明确约定，且用人单位是合理的调岗安排，调整前后的岗位待遇相当、薪资水平相当、调岗不具有侮辱性等，同时公司的规章制度或员工手册中对员工在此时拒绝调岗定性为严重违反用人单位的规章制度，那么根据《劳动合同法》第三十九条的规定，用人单位可以与劳动者解除合同。第二种情况，存在法定的调岗理由。包括劳动者患病或者非因工负伤，医疗期满不能从事原工作，此时用人单位可以调整岗位。若劳动者不同意调岗，用人单位可以提前30天以书面形式通知劳动者或额外支付劳动者一个月的工资后，解除与劳动者的劳动合同。第三种情况，用人单位是基于客观情况发生重大变化导致合同难以履行而作出的调岗决定。若劳动者同意，双方可以按照变更后的合同继续履行；若劳动者不同意，用人单位可以解除与劳动者的合同。第四种情况，劳动者不能胜任岗位，用人单位可以调整劳动者工作岗位，劳动者拒绝调岗的，用人单位可以依据规章制度的规定解除劳动合同。

## 20 部门解散，可以安排员工待岗吗？

答：用人单位部门解散，欲安排该部门员工待岗，如何合法安排待岗？前提条件包括以下两点：一是非员工原因导致用人单位生产经营困难并达到停工停产的严重程度，员工实际也未提供劳动。比如，公司停工停产且无法安排居家办公的，有权安排员工在一定时间内待岗；再比如，因没有订单导致生产经营困难或者发生了自然灾害等不可抗力的，须向员工说明情况，且这个待岗安排不可以只针对少数人。二是公司与员工协商一致或依据生效规章制度安排待岗。待岗是对劳动合同内容的变更，应与员工协商一致。同时，公司有自主经营权，可以通过民主程序制定规章制度，规定在特定情形下安排员工待岗。那么部门解散是否符合待岗的条件呢？公司基于经营需要解散某个部门，虽然是自主经营权的体现，但不能据此随意安排员工待岗，剥夺员工工作并获取劳动报酬的权利。在原岗位取消的情况下，公司安排待岗应取得员工同意，或符合公司规章制度规定。除此之外，用人单位无权单方面决定员工待岗。

## 21 待岗期间工资如何发放？

答：《工资支付暂行规定》第十二条规定："非因劳动者原因造成单位停工、停产在一个工资支付周期内的，用人单位应按劳动合同规定的标准支付劳动者工资。超过一个工资支付周期的，若劳动者提供了正常劳动，则支付给劳动者的劳动报酬不得低于当地的最低工资标准；若劳动者没有提供正常劳动，则应按国家有关规定办理。"《北京市工资支付规定》第二十七条规定："非因劳动者本人原因造成用人单位停工、停业的，在一个工资支付周期内，用人单位应当按照提供正常劳动支付劳动者工资；超过一个工资支付周期的，可以根据劳动者提供的劳动，按照双方新约定的标准支付工资，但不得低于本市最低工资标准；用人单位没有安排劳动者工作的，应当按照不低于本市最低工资标准的 70% 支付劳动者基本生活费。国家或者本市另有规定的从其规定。"

## 22 加班工资如何计发？

答：根据《中华人民共和国劳动法》（以下简称《劳动法》）第四十四条的规定："有下列情形之一的，用人单位应当按照下列标准支付高于劳动者正常工作时间工资的工资报酬：（一）安排劳动者延长工作时间的，支付不低于工资的百分之一百五十的工资报酬；（二）休息日安排劳动者工作又不能安排补休的，支付不低于工资的百分之二百的工资报酬；（三）法定休假日安排劳动者工作的，支付不低于工资的百分之三百的工资报酬。"其中，"休息日安排劳动者工作又不能安排补休的，支付不低于工资的百分之二百的工资报酬"，根据《劳动和社会保障部关于职工全年月平均工作时间和工资折算问题的通知》（劳社部发〔2008〕3号）的规定，"月计薪天数＝（365天－104天）÷12月＝21.75天"，其中104天是休息日，不计薪，即休息日为非工作时间，正常情况下既不用上班也没有工资。如果休息日加班了，又不能安排补休的，那么就应按正常出勤的两倍工资支付。根据《劳动法》规定，国家法定节假日是带薪休假的，若劳动者在法定节假日内休息的，用人单位应当照常发放工资。根据原劳动部《对〈工资支付暂行规定〉有关问题的补充规定》（劳部发〔1995〕226号）的规定，若单位安排劳动者在法定休假节日工作的，应另外支付给劳动者不低于劳动合同规定的劳动者本人小时或日工资标准300%的工资，即单位要另行支付300%加班工资。综上，根据《劳动法》的规定，延时加班（即工作日加班）工资不低于工资报酬的150%；休息日加班工资不低于工资报酬的200%；法定节假日加班工资不低于工资报酬的300%。

## 23 加班工资基数如何确定?

答:《劳动合同法》仅笼统规定了企业应支付加班费,原劳动部《对〈工资支付暂行规定〉有关问题的补充规定》第二条第一款规定,加班工资是指"根据加班加点的多少,以劳动合同确定的正常工作时间工资标准的一定倍数所支付的劳动报酬"。根据前述规定,加班工资的计算基数为"劳动合同确定的正常工作时间工资标准"。在国内劳动法实践中,劳动者的工资通常分为两个部分,即基础工资和绩效工资。用人单位往往主张以基础工资作为加班工资的计算基数,劳动者则主张以包括绩效工资和其他津补贴在内的一切薪金收入作为计算基数。两种方式计算得出的金额通常差距较大。前述哪一种计算方式是正确的,法律并没有给出明确的回答。实践中甚至有用人单位以当地最低工资标准作为加班工资的计算基数。虽然针对这一问题并未有一个全国层面的统一规定,但个别省市根据自身实际制定了地方性规定。《北京市高级人民法院、北京市劳动人事争议仲裁委员会关于审理劳动争议案件解答(一)》(京高法发

〔2024〕534号）第五十七条中对如何确定劳动者加班费计算基数进行了明确规定："劳动者加班费计算基数，应当按照法定工作时间内劳动者提供正常劳动应得工资确定，劳动者每月加班费不计到下月加班费计算基数中。具体情况如下：（1）用人单位与劳动者在劳动合同中约定了加班费计算基数的，以该约定为准；双方同时又约定以本市规定的最低工资标准或低于劳动合同约定的工资标准作为加班费计算基数，劳动者主张以劳动合同约定的工资标准作为加班费计算基数的，应予支持。（2）劳动者正常提供劳动的情况下，双方实际发放的工资标准高于原约定工资标准的，可以视为双方变更了合同约定的工资标准，以实际发放的工资标准作为计算加班费计算基数。实际发放的工资标准低于合同约定的工资标准，能够认定为双方变更了合同约定的工资标准的，以实际发放的工资标准作为计算加班费的计算基数。（3）劳动合同没有明确约定工资数额，或者合同约定不明确时，应当以实际发放的工资作为计算基数。用人单位按月直接支付给职工的工资、奖金、津贴、补贴等都属于实际发放的工资，具体包括国家统计局《〈关于工资总额组成的规定〉若干具体范围的解释》中规定"工资总额"的几个组成部分。加班费计算基数应包括"基本工资"、"岗位津贴"等所有工资项目。不能以"基本工资"、"岗位工资"或"职务工资"单独一项作为计算基数。在以实际发放的工资作为加班费计算

基数时,加班费(前月)、伙食补助等应当扣除,不能列入计算基数范围。国家相关部门对工资组成规定有调整的,按调整的规定执行。(4)劳动者的当月奖金具有"劳动者正常工作时间工资报酬"性质的,属于工资组成部分。劳动者的当月工资与当月奖金发放日期不一致的,应将这两部分合计作为加班费计算基数。用人单位不按月、按季发放的奖金,根据实际情况判断可以不作为加班费计算基数。(5)在确定职工日平均工资和小时平均工资时,应当按照原劳动和社会保障部《关于职工全年月平均工作时间和工资折算问题的通知》规定,以每月工作时间为21.75天和174小时进行折算。(6)实行综合计算工时工作制的用人单位,当综合计算周期为季度或年度时,应将综合周期内的月平均工资作为加班费计算基数。"《劳动合同法》第三十一条规定,用人单位不得强迫或者变相强迫劳动者加班,安排加班的应当按照国家有关规定向劳动者支付加班费。但是对于加班费的计算基数,国家层级的法律并无明确规定,一般由地方性规范予以规定。总体来说,允许用人单位和劳动者对加班费计算基数作出约定。约定的标准原则上应为员工每月的固定工资收入。在实行结构工资制的企业,应包括基本工资和岗位工资。对于奖金和津贴、补贴等福利,可以约定不纳入加班费计算基数。

## 24 工资发放日期是如何规定的？

答：工资应当以货币形式按月支付给劳动者本人。用人单位支付劳动者工资应当按照规定的日期足额支付。通常情况下，劳动者的工资发放日期由用人单位和劳动者自行确定，《工资支付暂行规定》第七条规定，工资必须在用人单位与劳动者约定的日期支付。工资至少每月支付一次，实行周、日、小时工资制的，可按周、日、小时支付工资。特殊情况下劳动者的工资发放日期，《工资支付暂行规定》也作了相应的规定，对于工资发放遇到节假日或休息日的，用人单位应提前在最近的工作日支付。对于完成一次性临时劳动或某项具体工作的劳动者，用人单位应按有关协议或合同约定在其完成劳动任务后即支付工资。对于劳动关系双方依法解除或终止劳动合同的，用人单位应在解除或终止劳动合同时一次付清劳动者工资。

## 25 什么是综合计算工时工作制？哪些人员适用综合计算工时工作制？

**答**：综合计算工时工作制是指采用以周、月、季、年等为周期综合计算工作时间的工时制度。企业实行综合计算工时工作制，应分别以周、月、季、年为周期综合计算工作时间，但其平均日工作时间和平均周工作时间应与法定标准工作时间相同，即平均每日工作不超过8小时，平均每周工作不超过40小时。《北京市企业实行综合计算工时工作制和不定时工作制的办法》（京劳社资发〔2003〕157号）第八条规定，实行综合计算工时工作制的企业，在综合计算周期内，某一具体日（或周）的实际工作时间可以超过8小时（或40小时），但综合计算周期内的总实际工作时间不应超过总法定标准工作时间，超过部分应视为延长工作时间并按《劳动法》的规定支付劳动报酬。企业延长工作时间平均每月不得超过36小时。同时，该办法第六条规定，综合计算工时工作制适用于从事下列工种或者岗位的人员：（一）因工作性质需连续作业的；（二）生产经营受季节及自然条件限制的;(三)受外界因素影响,生产任务不均衡的;(四)因职工家庭距工作地点较远,采用集中工作、集中休息的;(五)实行轮班作业的;(六)可以定期集中安排休息、休假的。

## 26 什么是不定时工作制？企业实行不定时工作制应履行哪些手续？哪些人员适用不定时工作制？

答：不定时工作制是指因企业生产特点、工作特殊需要或职责范围，无法按标准工作时间安排工作，或因工作时间不固定，需要机动作业的职工所采用的弹性工时制度。企业拟实行不定时工作制和综合计算工时工作制的，应向企业营业执照注册地的区、县劳动和社会保障局进行申报。对于企业实行不定时工作制和综合计算工时工作制的，应当与工会、职工代表大会或劳动者协商，企业的工作和休息制度，应向职工公示。《北京市企业实行综合计算工时工作制和不定时工作制的办法》第十一条规定，不定时工作制适用于从事下列工种或者岗位的人员：（一）高级管理人员；（二）外勤、推销人员；（三）长途运输人员；（四）长驻外埠的人员；（五）非生产性值班人员；（六）可以自主决定工作、休息时间的特殊工作岗位的其他人员。第十二条规定:"对于实行不定时工作制的职工,企业应当根据标准工时制度合理确定职工的劳动定额或其他考核标准,保障职工休息权力。"

## 27 享有年休假的资格、年休假的天数如何确定？

答：在机关、团体、企业、事业单位、民办非企业单位、有雇工的个体工商户等单位工作的职工，连续工作1年以上的，享受带薪年休假。也就是说，在上述单位的职工连续工作满12个月以上的，享有带薪年休假的权利。根据《人力资源和社会保障部办公厅关于〈企业职工带薪年休假实施办法〉有关问题的复函》（人社厅函〔2009〕149号）规定，"职工连续工作满12个月以上"，既包括职工在同一用人单位连续工作满12个月以上的情形，也包括职工在不同用人单位连续工作满12个月以上的情形。年休假的天数根据职工累计工作时间确定。"累计工作时间"，包括职工在机关、团体、企业、事业单位、民办非企业单位、有雇工的个体工商户等单位从事全日制工作期间，以及依法服兵役和其他按照国家法律、行政法规和国务院规定可以计算为工龄的期间（视同工作期间）。《职工带薪年休假条例》第三条规定："职工累计工作已满1年不满10年的，年休假5天；

已满 10 年不满 20 年的，年休假 10 天；已满 20 年的，年休假 15 天。国家法定休假日、休息日不计入年休假的假期。"《企业职工带薪年休假实施办法》第六条规定："职工依法享受的探亲假、婚丧假、产假等国家规定的假期以及因工伤停工留薪期间不计入年休假假期。"

## 28 用人单位关于"年休假过期作废"的规定是否有效？

答：安排符合条件的职工享受带薪年休假是用人单位的法定义务。《职工带薪年休假条例》和《企业职工带薪年休假实施办法》都规定了用人单位根据生产、工作的具体情况，并考虑职工本人意愿，统筹安排带薪年休假，用人单位确因工作需要不能安排职工年休假或者跨1个年度安排年休假的，应征得职工本人同意。《职工带薪年休假条例》第五条第二款规定："年休假在1个年度内可以集中安排，也可以分段安排，一般不跨年度安排。单位因生产、工作特点确有必要跨年度安排职工年休假的，可以跨1个年度安排。"由此可见，在职工年休假问题上，用人单位应主动安排休假，并不以员工申请为前提。现实中，个别用人单位在规章制度中规定"员工未在当前年度申请年休假的，视为自动放弃年休假"，此种消极规定，即使员工知晓，也不能推定员工放弃了年休假的权利。只有在用人单位安排职工休年休假，但是员工以积极明示的方式表示其因个人原因不休年休假的情况下,才能判定员工作出了放弃年休假权利的意思表示。当然用人单位确需因生产、工作特点跨年度安排职工年休假的,法律上也允许跨1个年度安排,因此年休假在当前年度未被使用或未被全部使用并不意味着劳动者丧失了此部分年休假的权利。

第四章

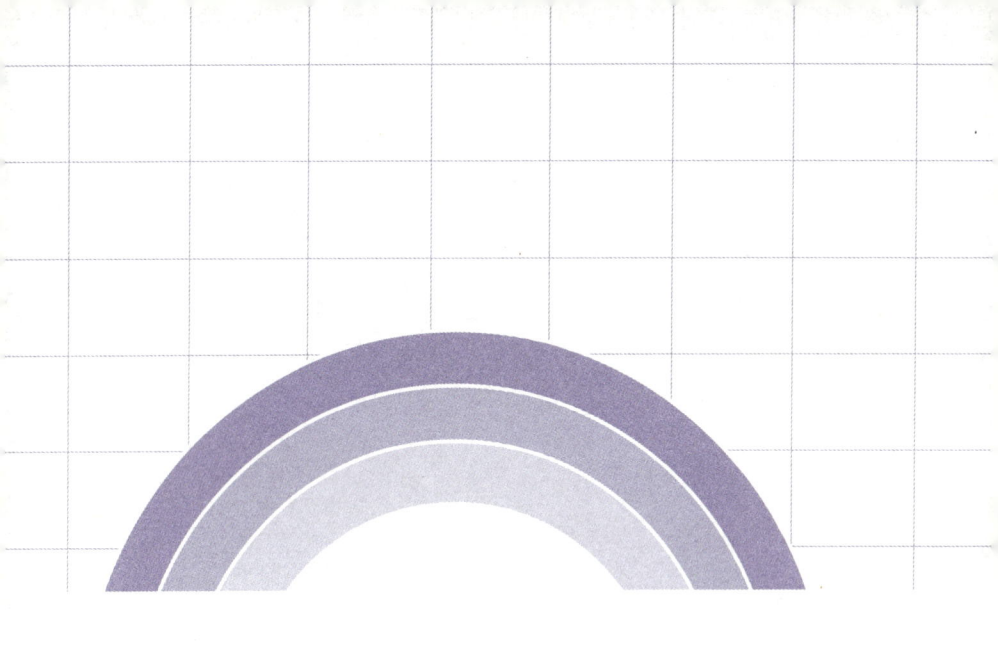

# 病假与医疗期

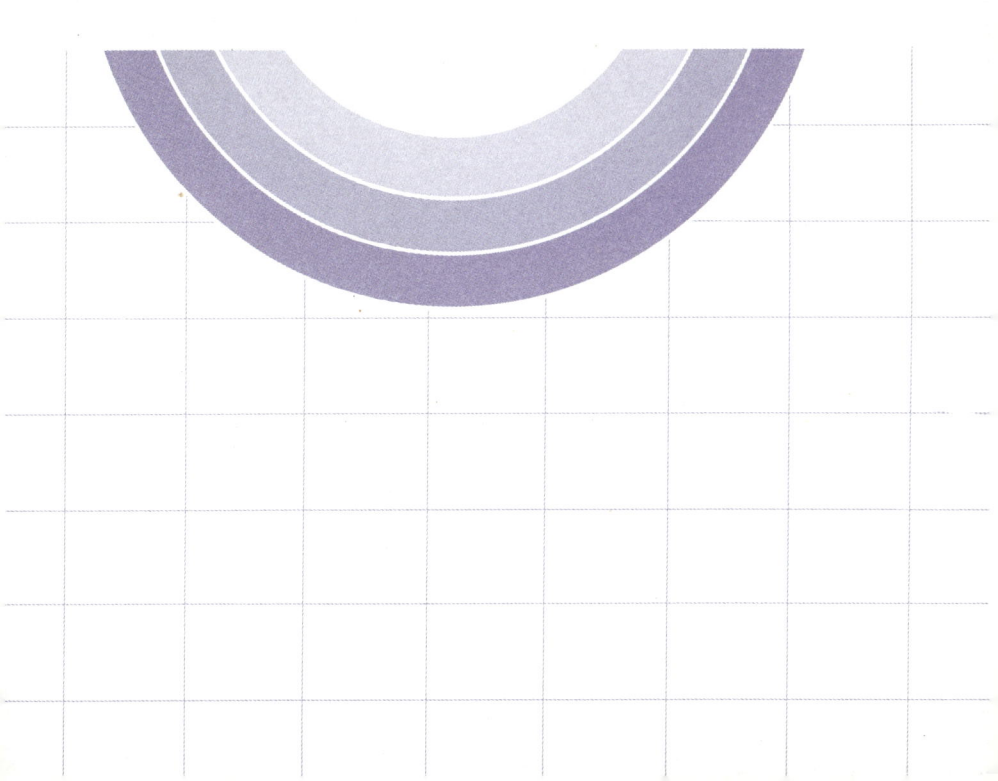

## 29 病假与医疗期有哪些区别和联系？

答：病假与医疗期，都是劳动者在患病或非因工负伤的情况下依法享有的停止工作、治病休养的受保护期，但两者存在一定区别。虽然我国现有法律、法规对病假没有给予明确定义，但是结合劳动用工实务，我们可以将"病假"界定为劳动者因患病或非因工负伤，经医生诊断建议停止工作进而治病休息的特殊假期；其主要是对劳动者在上述特殊时期的休假保护。就病假天数来说，在法律层面也没有统一的规定，用人单位可以结合劳动者的伤病程度、治愈所需时间以及医生基于医学判断作出的建议予以统筹考量，并通过相关规章制度予以规范。而医疗期则是一个法律概念，根据原劳动部《企业职工患病或非因工负伤医疗期规定》（劳部发〔1994〕479号）第二条的规定："医疗期是指企业职工因患病或非因工负伤停止工作治病休息不得解除劳动合同的时限。"可见，医疗期更强调给予劳动者在上述特殊时期的一种保护。根据相关规定，医疗期的具体期限，系根据患病或非因工负伤的劳动者的相关工作年限予以确定的；但是对于患有难以治愈的特殊疾病（如癌症、精神病、瘫痪等）的劳动者，其医疗期的确定不能仅考虑工作年限，还需结合特殊规定[①]加以综合研判。虽然劳动者的医疗期期限与其具体伤病程度一般是没有直接关联的，但处于医疗期的劳动者仍需向用人单位提交医疗机构出具的书面病休建议，以反映劳动者确实处于因伤病需停工休养的状态。

---

① 原劳动部《关于贯彻〈企业职工患病或非因工负伤医疗期规定〉的通知》（劳部发〔1995〕236号）第二条规定："……根据目前的实际情况，对某些患特殊疾病（如癌症、精神病、瘫痪等）的职工，在24个月内尚不能痊愈的，经企业和劳动主管部门批准，可以适当延长医疗期……"

## 30 医疗期如何计算?

**答**：就国家层面的规定而言，根据原劳动部《企业职工患病或非因工负伤医疗期规定》第三条、第四条的规定，劳动者依法享有的医疗期是根据本人实际参加工作年限和在本单位工作年限两项因素共同确定的，从病休第一天开始起算[①]，最短 3 个月、最长 24 个月，并在一定周期内累计计算，具体如下表所示。

| 实际参加工作年限 $Y_1$（单位：年） | 在本单位工作年限 $Y_2$（单位：年） | 医疗期 | 累计病休周期 |
| --- | --- | --- | --- |
| $Y1<10$ | $Y_2<5$ | 3 个月 | 6 个月 |
|  | $5 \leqslant Y_2<10$ | 6 个月 | 12 个月 |
| $Y1 \geqslant 10$ | $Y_2<5$ | 6 个月 | 12 个月 |
|  | $5 \leqslant Y_2<10$ | 9 个月 | 15 个月 |
|  | $10 \leqslant Y_2<15$ | 12 个月 | 18 个月 |
|  | $15 \leqslant Y_2<20$ | 18 个月 | 24 个月 |
|  | $Y_2 \geqslant 20$ | 24 个月 | 30 个月 |

---

[①] 原劳动部《关于贯彻〈企业职工患病或非因工负伤医疗期规定〉的通知》（劳部发〔1995〕236号）第一条规定："……1.医疗期计算应从病休第一天开始，累计计算。如：应享受三个月医疗期的职工，如果从 1995 年 3 月 5 日起第一次病休，那么，该职工的医疗期应在 3 月 5 日至 9 月 5 日之间确定，在此期间累计病休三个月即视为医疗期满。其他依此类推……"

而上海地区对医疗期的计算方法有特殊规定①,该地区劳动者的医疗期仅按其在本单位的工作年限来确定,具体如下表所示。

| 在本单位工作年限 Y<br>(单位:年) | 医疗期 |
| --- | --- |
| Y ≤ 1 | 3 个月 |
| 1<Y<2 | 3 个月 |
| 2 ≤ Y<3 | 4 个月 |
| 3 ≤ Y<4 | 5 个月 |
| 4 ≤ Y<5 | 6 个月 |
| …… | …… |
| N* ≤ Y<N*+1<br>(注:N* 为正整数集且 ≥ 2) | [Y]+2(不超过 24 个月) |

在计算医疗期时,用人单位还需注意:(1)医疗期的循环使用问题。就国家层面的规定而言,由于劳动者的医疗期是在一定病休周期内累计计算的,因此当一个累计病休周期结束时,劳动者只有实际休满医疗期,方可视为"劳动者医疗期已经届满";若劳动者在该累计病休周期内没有休满医疗期,不但无法满足医疗期满解除劳动合同之实质条件,且在劳动者出现下次

---

① 上海市人民政府发布《关于本市劳动者在履行劳动合同期间患病或者非因工负伤的医疗期标准的规定》(沪府发〔2015〕40 号):"二、医疗期按照劳动者在本用人单位的工作年限设置。劳动者在本单位工作第 1 年,医疗期为 3 个月;以后工作每满 1 年,医疗期增加 1 个月,但不超过 24 个月。"

病休情况的时候，其仍可享有在新的累计病休周期内重新起算医疗期的权利。但依上海地区的规定[①]，该地区劳动者的医疗期是从劳动者与用人单位建立劳动关系后的第一次病休日开始累计计算的，没有累计病休周期的规定，也不存在医疗期循环使用的问题。(2)医疗期是否包含休息日和法定节假日的问题。就国家层面的规定而言，根据相关规定[②]，医疗期应当包含病休期间的休息日和法定节假日。但上海地区在劳动用工实务中则认为该地区劳动者医疗期的计算应从病休第一天累计计算，其中不包括休息日和法定节假日[③]，具体按规定的月工作时间计算，即劳动者连续或累计病休满 20.83 天为一个月[④]。

---

[①] 上海市人民政府发布《关于本市劳动者在履行劳动合同期间患病或者非因工负伤的医疗期标准的规定》（沪府发〔2015〕40号）："五、劳动者在本单位工作期间累计病休时间超过按照规定享受的医疗期，用人单位可以依法与其解除劳动合同。"

[②] 原劳动部关于贯彻《企业职工患病或非因工负伤医疗期规定》的通知（劳部发〔1995〕236号）："一、关于医疗期的计算问题……2. 病休期间，公休、假日和法定节日包括在内……"

[③] 原上海市劳动保障局《关于病假工资计算的公告》："一、病假待遇……注：职工疾病或非因工负伤休假日数应按实际休假日数计算，连续休假期内含有休息日、节假日的应予剔除……"

[④] 参见上海市人力资源和社会保障局2019年6月26日于官网政务公开板块中就"工作第二年，我的医疗期到底是3个月还是4个月？"的回复。

## 31 用人单位能否要求患病劳动者到指定医院复诊？

**答：** 就此问题，我国现有法律、法规并无明确规定，故在司法实践中存有一定争议。有的观点认为，若用人单位的规章制度存有相关规定，实则属于对病假人员的合理用工管理范畴，并不违反法律规定，劳动者应当遵守用人单位的用工管理要求。[1]但也有观点认为，劳动者的身体健康权应得到尊重，单位要求患病劳动者到指定医院复诊，已经损害了劳动者患病时的自主就医选择权。[2]对此，我们认为，应当尊重劳动者自主就医的选择权，只要劳动者就其患病或非因工负伤情况已经提供了医疗机构出具的相关诊断证明或建议，一般情况下用人单位并不享有要求患病劳动者再次到指定医院复诊的权利。但是，若用人单位对患病劳动者所提交的医疗机构诊断证明或建议存在

---

[1] 参见北京市高级人民法院（2021）京民申990号。
[2] 参见上海市第一中级人民法院（2016）沪01民终8507号。

合理怀疑，在相关规章制度的规定下，用人单位亦应享有通过指定医院复诊以核实劳动者患病情况的用工管理权限，以彰显对双方合法权益保障的衡平。

## 32 劳动者频繁请病假，用人单位如何应对？

答：针对"频休病假""长期病假""疑似泡病假"的问题，我们建议：一方面，用人单位应当健全相关用工管理规章制度，并在制度之间构建相互衔接、相互辅助的内在逻辑。例如，在考勤与休息休假管理制度中，对劳动者提请病假、休满返岗作出详细规制，明确告知劳动者不予遵守的后果；设置病假合理性复查制度、对长期病休人员主动定期探望，建立相关监督机制；打通病休假管理与试用期考核、绩效考核之间的关联，合理降低用工成本，在一定程度上杜绝"躺平"现象；若发现劳动者弄虚作假、有违诚实信用之情形，相关奖惩管理制度可为其所涉违纪处理提供制度依据。另一方面，用人单位还可以主动对长期病休人员启动医疗期用工管理措施，通过医疗期协议或通知等方式，积极有效地将劳动者的病休假转化为医疗期，既可以让劳动者得到充足时间以停工治病休养，也可以为用人单位启动后续医疗期满的用工管理创造可能。

第五章

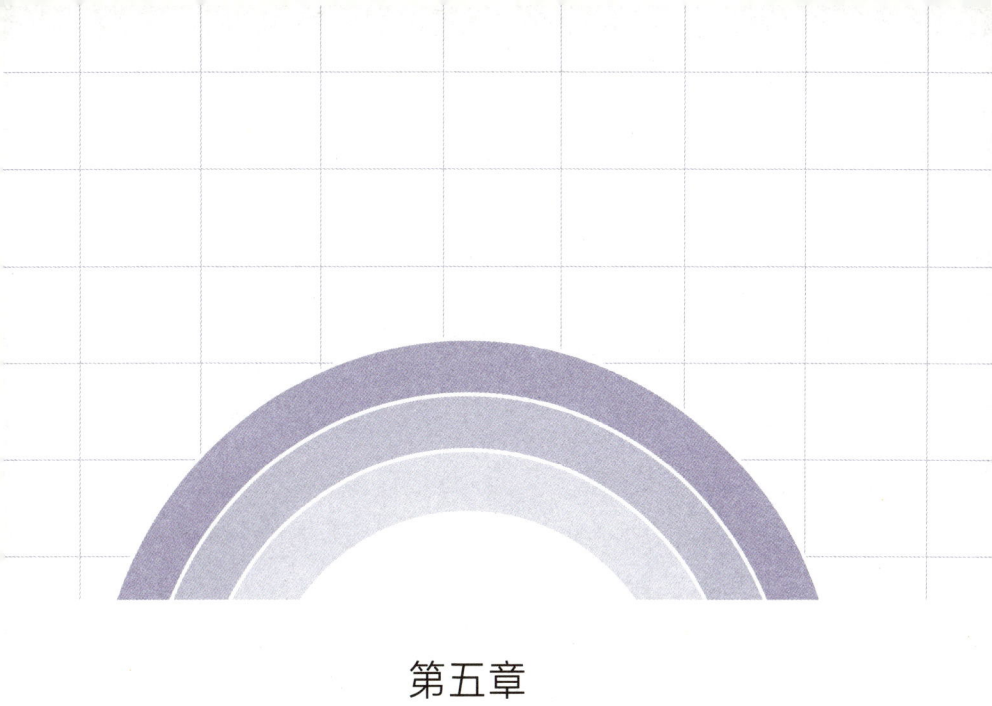

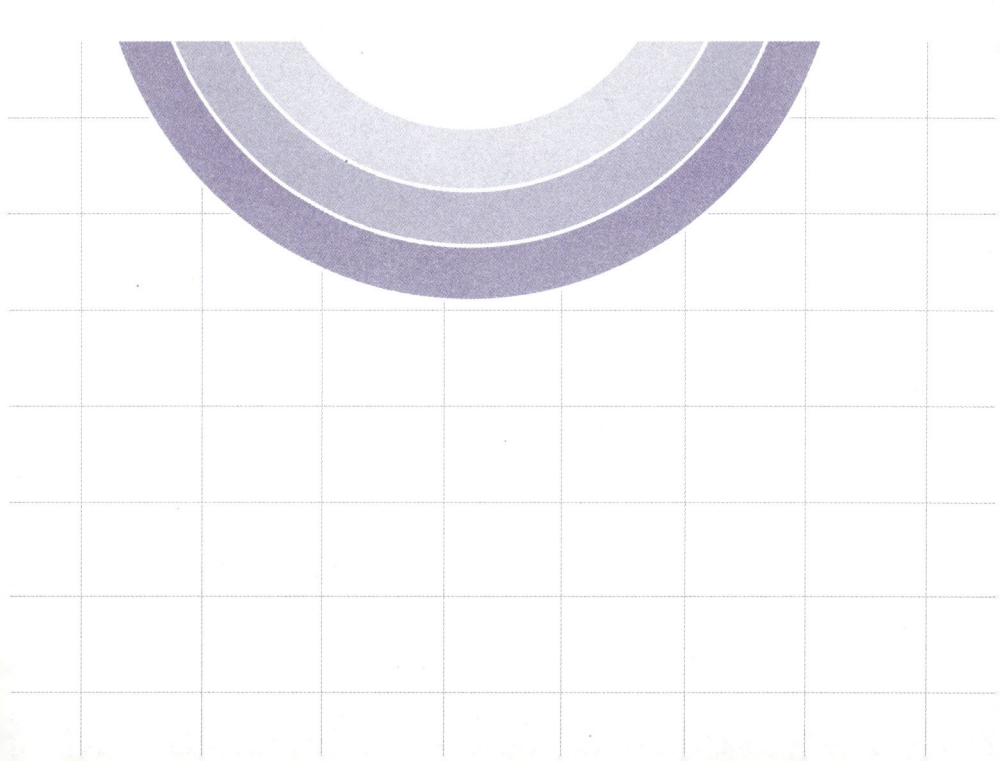

# 社会保险

## 33 工伤认定的标准有哪些？参加公司组织的运动会受伤算工伤吗？

答：《工伤保险条例》第十四条规定："职工有下列情形之一的，应当认定为工伤：（一）在工作时间和工作场所内，因工作原因受到事故伤害的；（二）工作时间前后在工作场所内，从事与工作有关的预备性或者收尾性工作受到事故伤害的；（三）在工作时间和工作场所内，因履行工作职责受到暴力等意外伤害的；（四）患职业病的；（五）因工外出期间，由于工作原因受到伤害或者发生事故下落不明的；（六）在上下班途中，受到非本人主要责任的交通事故或者城市轨道交通、客运轮渡、火车事故伤害的；（七）法律、行政法规规定应当认定为工伤的其他情形。"《人力资源社会保障部关于执行〈工伤保险条例〉若干问题的意见（二）》第四条规定："职工在参加用人单位组织或者受用人单位指派参加其他单位组织的活动中受到事故伤害的，应当视为工作原因，但参加与工作无关的活动除外。"实践中，参加公司组织的运动会受伤也算工伤。

## 34 上班路上受到道路交通事故伤害，治疗期间工资如何发放？

答：根据《工伤保险条例》第十四条第六项规定，职工在上下班途中，受到非本人主要责任的交通事故或者城市轨道交通、客运轮渡、火车事故伤害的，应当认定为工伤。第三十三条第一款规定："职工因工作遭受事故伤害或者患职业病需要暂停工作接受工伤医疗的，在停工留薪期内，原工资福利待遇不变，由所在单位按月支付。"

## 35 在工作时与他人发生口角进而打架受伤，算工伤吗？

**答**：根据《工伤保险条例》第十四条第三项规定，职工在工作时间和工作场所内，因履行工作职责受到暴力等意外伤害的，应当认定为工伤。可见，在工作时与他人打架受伤是否算工伤，主要看遭受暴力等意外伤害是否与履行工作职责有直接的因果关系；而考察该因果关系，又要从受伤的时间节点以及致伤的过程综合来看。如果第一次冲突（即发生口角）的起因是工作原因，但第二次冲突（即打架）是致伤的主要原因，且被伤者有不当行为在先才导致其被打伤的话，则不构成工伤。综上，此情形下是否算工伤，要具体问题具体分析，不能一概而论。

## 36 劳动者在工作时突发心肌梗死抢救三天后死亡，算工伤吗？

答：《工伤保险条例》第十五条规定："职工有下列情形之一的，视同工伤：（一）在工作时间和工作岗位，突发疾病死亡或者在 48 小时之内经抢救无效死亡的……"根据该规定，劳动者在工作时间和工作岗位突发疾病死亡或者在 48 小时内经抢救无效死亡的，才会被认定为工伤。如果劳动者虽然在工作时间和工作岗位突发疾病，但是发病时间至死亡时间超过 48 小时的，一般不会被认定为工伤。

### 37 劳动者下班后，在公司宿舍突发心肌梗死，8小时后死亡，算工伤吗？

答：《工伤保险条例》第十五条第一项规定，在工作时间和工作岗位，突发疾病死亡或者在48小时之内经抢救无效死亡的，视同工伤。根据该规定，只有在工作时间和工作岗位突发疾病死亡或者在48小时内经抢救无效死亡的，才会被认定为工伤。劳动者下班后在公司宿舍突发疾病的，不属于在工作时间和工作岗位，认定工伤的可能性不大。但如果劳动者是在工作时间和工作岗位发病，后回到宿舍休息时因病死亡，且不超过48小时的，实践中一般也会认定为工伤。

## 38 用人单位未按劳动者实际工资收入为其缴纳社保有何法律风险?

答:《中华人民共和国社会保险法》第六十三条第一款规定:"用人单位未按时足额缴纳社会保险费的,由社会保险费征收机构责令其限期缴纳或者补足。"根据该规定,如果用人单位未按照劳动者实际工资收入缴纳社保的,劳动者可以向社会保险费征收机构举报、投诉,由社会保险费征收机构责令用人单位限期缴纳或者补足,且用人单位应承担滞纳金,如用人单位逾期不缴纳的,则会被处以罚款。

## 39 员工申请不缴社保,用人单位也同意,用人单位是否可以不为该员工缴社保?

答:《劳动法》第七十二条规定:"社会保险基金按照保险类型确定资金来源,逐步实行社会统筹。用人单位和劳动者必须依法参加社会保险,缴纳社会保险费。"根据该规定,依法缴纳社会保险是用人单位与劳动者的法定义务,即便劳动者与用人单位约定不缴纳社会保险,该约定也因违反法律的强制性规定而无效。同时,对用人单位而言,不缴纳社会保险存在着巨大风险,一方面存在补缴的风险,另一方面也可能会被劳动者以未依法为其缴纳社会保险为由要求解除劳动合同并支付经济补偿。

## 40 用人单位因故未给劳动者缴纳社保，导致劳动者无法享受退休待遇，劳动者可以向用人单位主张赔偿吗？

答：《最高人民法院关于审理劳动争议案件适用法律问题的解释（一）》第一条规定："劳动者与用人单位之间发生的下列纠纷，属于劳动争议，当事人不服劳动争议仲裁机构作出的裁决，依法提起诉讼的，人民法院应予受理……（五）劳动者以用人单位未为其办理社会保险手续，且社会保险经办机构不能补办导致其无法享受社会保险待遇为由，要求用人单位赔偿损失发生的纠纷……"根据该规定，用人单位未给劳动者缴纳社保，导致劳动者无法享受退休待遇的，劳动者可以提起劳动仲裁或诉讼，要求用人单位赔偿。但如果存在用人单位少缴或者欠缴的情形，人民法院则一般认为应由行政机关处理，不属于劳动争议。

## 41 停薪留职人员的社保费用应如何分担？

答：《劳动法》第七十二条规定："社会保险基金按照保险类型确定资金来源，逐步实行社会统筹。用人单位和劳动者必须依法参加社会保险，缴纳社会保险费。"根据该规定，依法缴纳社会保险是用人单位与劳动者的法定义务。停薪留职人员依然与用人单位存在劳动关系，故仍应缴纳社保。但是对于社保费用如何承担，司法实践中存在不同的观点。有的地区认为可以由双方约定，如《北京市劳动和社会保障局关于贯彻实施〈北京市基本养老保险规定〉有关问题的通知》第四条规定："下列人员按以下办法缴纳基本养老保险费……（二）经企业批准请长假保留劳动关系，但不支付工资的人员，企业应与其签订书面协议。第一年，以其请假的上一年度本人月平均工资作为缴费工资基数；次年起按协议约定的缴费工资基数以及各自负担的数额，向社会保险经办机构缴纳……"而有的地区则认为社会保险的缴纳具有强制性，并不能因为双方的约定而免除用人单位的法定义务，用人单位仍需承担其应当承担的缴费义务，劳动者仅需承担个人应缴纳部分。

## 42 劳动者以用人单位未足额缴纳社保、被迫离职为由主张经济补偿能否获得支持？

**答：**在北京地区，劳动者提出解除劳动合同前一年内，存在因用人单位过错未为劳动者建立社保账户或虽建立了社保账户但缴纳险种不全情形的，劳动者依据《劳动合同法》第三十八条第一款第三项的规定以用人单位未依法为其缴纳社会保险费为由提出解除劳动合同并主张经济补偿的，一般应予支持。用人单位已为劳动者建立社保账户且险种齐全，但存在缴纳年限不足、缴费基数低等问题的，劳动者的社保权益可通过用人单位补缴或社保管理部门强制征缴的方式实现，在此情形下，劳动者以此为由主张解除劳动合同并要求经济补偿的，一般不予支持。

第六章

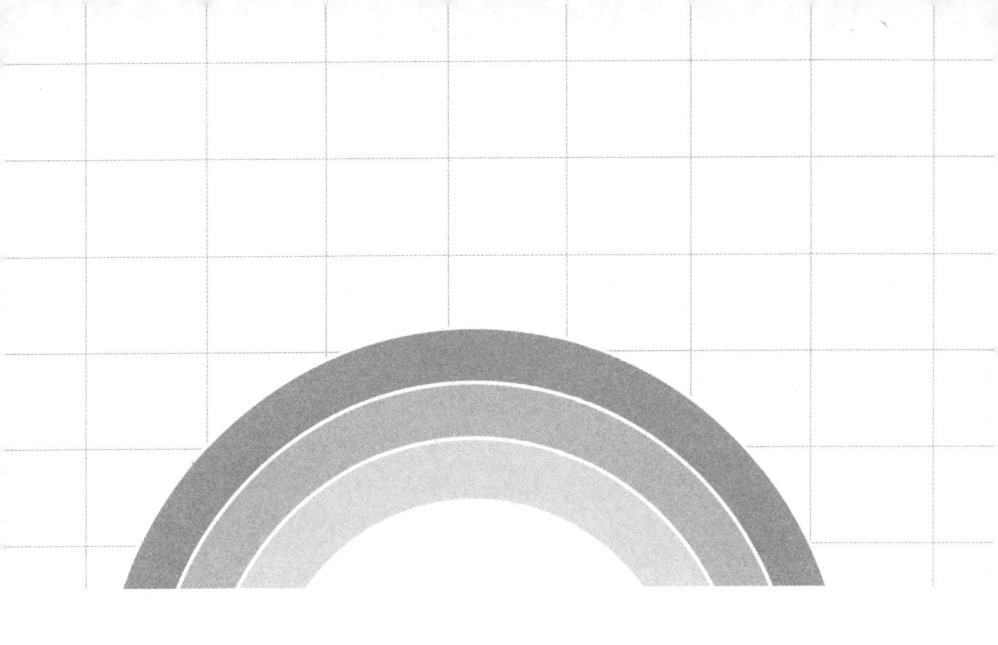

# 劳动合同的解除

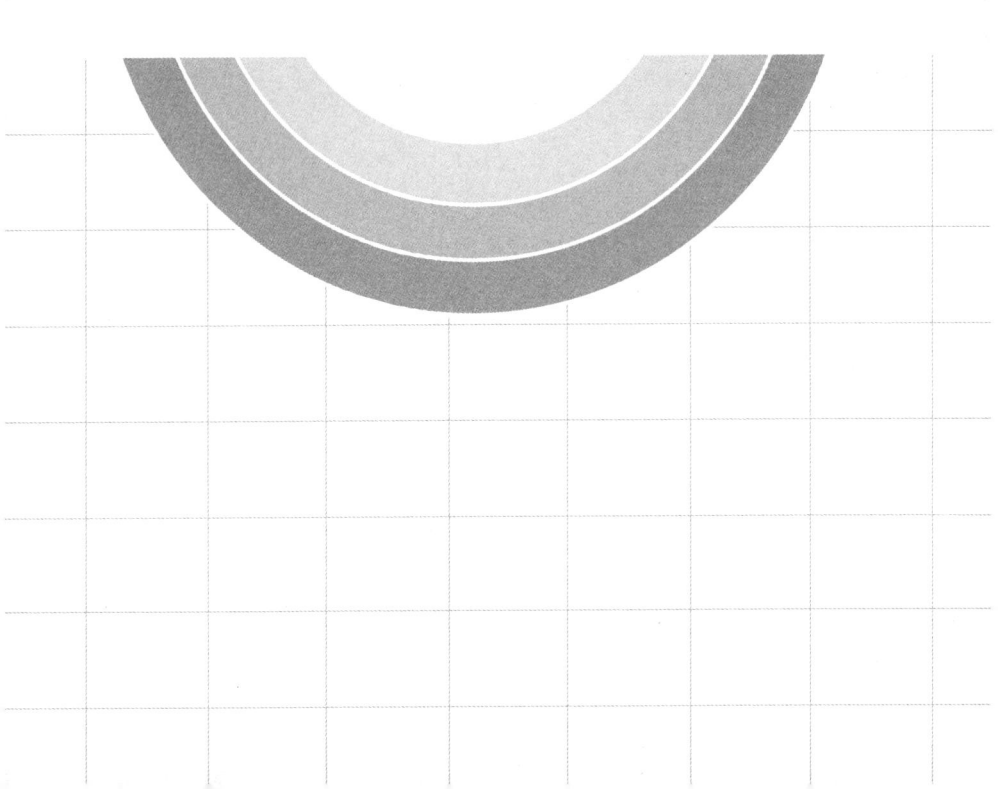

## 43 用人单位如何与试用期内的劳动者解除劳动合同？

**答：**《劳动合同法》第二十一条规定："在试用期中，除劳动者有本法第三十九条和第四十条第一项、第二项规定的情形外，用人单位不得解除劳动合同。用人单位在试用期解除劳动合同的，应当向劳动者说明理由。"第三十六条规定："用人单位与劳动者协商一致，可以解除劳动合同。"第三十九条规定："劳动者有下列情形之一的，用人单位可以解除劳动合同：（一）在试用期间被证明不符合录用条件的；（二）严重违反用人单位的规章制度的；（三）严重失职，营私舞弊，给用人单位造成重大损害的；（四）劳动者同时与其他用人单位建立劳动关系，对完成本单位的工作任务造成严重影响，或者经用人单位提出，拒不改正的；（五）因本法第二十六条第一款第一项规定的情形致使劳动合同无效的；（六）被依法追究刑事责任的。"第四十条规定："有下列情形之一的，用人单位提前三十日以书面形式通知劳动者本人或者额外支付劳动者一个月工资后，可以解除劳动合同：

（一）劳动者患病或者非因工负伤，在规定的医疗期满后不能从事原工作，也不能从事由用人单位另行安排的工作的；（二）劳动者不能胜任工作，经过培训或者调整工作岗位，仍不能胜任工作的……"根据上述规定，对于试用期内的劳动者，用人单位可与其协商一致解除劳动合同，用人单位单方解除劳动合同必须符合上述法定的情形，并且应当向劳动者说明理由，否则会被认定为违法解除劳动合同。

## 44 劳动合同解除时，劳动者能否主张递延奖金？

答：递延奖金制度常见于金融、保险类企业，是指金融、保险行业用人单位基于行业的特殊性与控制风险的需要，与劳动者约定于本年度先支付部分绩效奖金，剩余部分按一定比例在之后几年根据当年考核结果和企业经营情况分期支付的劳动报酬，属于劳动者工资的范畴。递延奖金制度延长了奖金支付的期限，用人单位应当在制度中明确规定递延奖金发放和不予发放的具体条件。递延奖金的发放应体现在规章制度中，发放的条件属于涉及劳动者切身利益的制度，要经过民主程序通过和进行公示告知，避免因程序瑕疵导致制度内容对员工无效。不予发放的条件应当具有合理性，以免因被认定为排除劳动者权利、免除用人单位责任而导致无效。因此，在解除劳动合同时，劳动者能否要求用人单位支付递延奖金，要看用人单位的薪酬制度中对劳动关系终止时递延奖金的发放是如何规定的。一方面，该关于递延奖金发放的条件须是明确具体的；另一方面，该关于递延奖金发放的规章制度须经相应程序并合法有效。

## 45 经济性裁员适用的主要情形有哪些？

答：经济性裁员是指用人单位由于生产经营发生严重困难等原因，一次性与部分劳动者单方解除劳动合同的法定情形。《劳动合同法》第四十一条规定了适用经济性裁员的四种情形：（一）依照企业破产法规定进行重整的；（二）生产经营发生严重困难的；（三）企业转产、重大技术革新或者经营方式调整，经变更劳动合同后，仍需裁减人员的；（四）其他因劳动合同订立时所依据的客观经济情况发生重大变化，致使劳动合同无法履行的。《劳动合同法》第四十一条同时规定了适用经济性裁员的最低人数要求和程序要求，即需要裁减人员二十人以上或者裁减不足二十人但占企业职工总数百分之十以上的，用人单位在提前三十日向工会或者全体职工说明情况，听取工会或者职工的意见后，裁减人员方案经向劳动行政部门报告，可以裁减人员。此外，根据《劳动法》第二十八条、《劳动合同法》第四十六条规定，用人单位适用经济性裁员单方解除劳动合同的，应当依法向劳动者支付经济补偿。

## 46 用人单位不得解除劳动合同的情形有哪些?

答：根据《劳动合同法》第四十二条规定："劳动者有下列情形之一的，用人单位不得依照本法第四十条、第四十一条规定与其解除劳动合同：（一）从事接触职业病危害作业的劳动者未进行离岗前职业健康检查，或者疑似职业病病人在诊断或者医学观察期间的；（二）在本单位患职业病或者因工负伤并被确认丧失或者部分丧失劳动能力的；（三）患病或者非因工负伤，在规定的医疗期内的；（四）女职工在孕期、产期、哺乳期的；（五）在本单位连续工作满十五年，且距法定退休年龄不足五年的；（六）法律、行政法规规定的其他情形。"

## 47 用人单位可以单方解除劳动合同的情形有哪些？

答：根据我国《劳动合同法》的相关规定，用人单位可以与劳动者单方解除劳动合同的情形包括"过失性辞退""无过失性辞退""经济性裁员"三种，具体如下：1.过失性辞退。根据《劳动合同法》第三十九条的规定，劳动者存有以下情形之一的，用人单位可以解除劳动合同。具体包括：（1）在试用期间被证明不符合录用条件的；（2）严重违反用人单位的规章制度的；（3）严重失职，营私舞弊，给用人单位造成重大损害的；（4）劳动者同时与其他用人单位建立劳动关系，对完成本单位的工作任务造成严重影响，或者经用人单位提出，拒不改正的；（5）因《劳动合同法》第二十六条第一款第一项规定的情形致使劳动合同无效的（即以欺诈、胁迫的手段或者乘人之危，使对方在违背真实意思的情况下订立或者变更劳动合同的）；（6）被依法追究刑事责任的。2.无过失性辞退。根据《劳动合同法》第四十条的规定，劳动者存有以下情形之一的,用人单位在提前三十日以书面形式通知劳动者本人或者额外支付劳动者一个月工资后,可以解除劳动合同。具体包括:(1)劳动者患病或者非因工负伤,在规定的医疗期满后不能从事原工作,也不能从事由用人单位另行安排的工作的;(2)劳动者不能胜任工作,经过培训或者调整工作岗位,仍不能胜任工作的;(3)劳动合同订立时所依据的客观情况发生重大变化,致使劳动合同无法履行,经用人单位与劳动者协商,未能就变更劳动合同内容达成协议的。

3. 经济性裁员。根据《劳动合同法》第四十一条规定,存在以下情形之一且需要裁减人员二十人以上或者裁减不足二十人但占企业职工总数百分之十以上的,用人单位在履行法定程序后,可实施经济性裁员,即单方解除劳动合同。具体包括:(1)依照企业破产法规定进行重整的;(2)生产经营发生严重困难的;(3)企业转产、重大技术革新或者经营方式调整,经变更劳动合同后,仍需裁减人员的;(4)其他因劳动合同订立时所依据的客观经济情况发生重大变化,致使劳动合同无法履行的。上述相关法定程序包括:用人单位提前三十日向工会或者全体职工说明情况,听取工会或者职工的意见后,裁减人员方案向劳动行政部门报告。同时,用人单位应遵守有关优先留用和六个月内重新招用的规定。此外,用人单位还需注意,若劳动者属于《劳动合同法》第四十二条规定的解雇保护情形[①]，用人单位不得以"无过失性辞退"或"经济性裁员"为由单方与其解除劳动合同。若劳动者处于试用期，用人单位不得以"无过失性辞退"之"劳动合同订立时所依据的客观情况发生重大变化致使劳动合同无法履行"以及"经济性裁员"为由与其单方解除劳动合同。[②]

---

[①] 《劳动合同法》第四十二条："劳动者有下列情形之一的，用人单位不得依照本法第四十条、第四十一条的规定解除劳动合同：（一）从事接触职业病危害作业的劳动者未进行离岗前职业健康检查，或者疑似职业病病人在诊断或者医学观察期间的；（二）在本单位患职业病或者因工负伤并被确认丧失或者部分丧失劳动能力的；（三）患病或者非因工负伤，在规定的医疗期内的；（四）女职工在孕期、产期、哺乳期的；（五）在本单位连续工作满十五年，且距法定退休年龄不足五年的；（六）法律、行政法规规定的其他情形。"

[②] 《劳动合同法》第二十一条："在试用期中，除劳动者有本法第三十九条和第四十条第一项、第二项规定的情形外，用人单位不得解除劳动合同。用人单位在试用期解除劳动合同的，应当向劳动者说明理由。"

## 48 在什么情况下，用人单位需要向劳动者支付代通知金？

答：代通知金指的是用人单位在特定情形下解除劳动后同应当履行提前一个月通知的义务而未履行该义务时应支付给劳动者的一种补偿。根据法律规定，上述特定情形包括：1.劳动者患病或者非因工负伤，在规定的医疗期满后不能从事原工作，也不能从事由用人单位另行安排的工作；2.劳动者不能胜任工作，经过培训或者调整工作岗位，仍不能胜任工作；3.劳动合同订立时所依据的客观情况发生重大变化，致使劳动合同无法履行，经用人单位与劳动者协商，未能就变更劳动合同内容达成协议。需要注意的是，如果劳动者在主张用人单位违法解除劳动合同并要求支付赔偿金时一并主张代通知金，法律是不支持的，也就是说，只有在用人单位合法解除劳动合同且满足解除劳动合同的特殊客观条件时，才适用代通知金的规定。

## 49 用人单位违法解除劳动合同的法律后果是什么?

答:用人单位违反法律规定与劳动者解除劳动合同时,劳动者有两种选择。1.劳动者有权要求用人单位继续履行劳动合同,当然,这需要用人单位在客观上有继续履行劳动合同的能力和条件。需要特别注意的是,一旦劳动争议仲裁委员会或人民法院裁判双方继续履行劳动合同,劳动者就有权主张仲裁或诉讼期间的工资。2.劳动者也可以选择要求用人单位支付赔偿金,赔偿金的计算标准是经济补偿标准的两倍,计算年限自用工之日起计算。因此,用人单位违法解除劳动合同的成本较高,且无论是在仲裁还是诉讼阶段,解除劳动合同合法的举证责任均由用人单位承担。因此,用人单位在决定解除劳动合同时应当格外注意。

## 50 解除劳动合同通知书应载明的内容有哪些？

答：解除劳动合同通知书作为规避日后法律风险的重要证据，应引起用人单位的足够重视。用人单位在向劳动者送达的解除劳动合同通知书中应载明：1.劳动者的基本信息；2.解除劳动合同的事实依据；3.解除劳动合同的法律依据和/或制度依据；4.解除劳动合同的时间；5.是否支付经济补偿、代通知金及具体数额；6.用人单位工会（如有）的意见；7.通知的时间；8.用人单位盖章。

在这里特别提醒用人单位，在向劳动者送达解除劳动合同通知书时，可以选择让劳动者签署通知回执，若劳动者拒绝签署，可按劳动合同中载明的劳动者的地址邮寄送达或采取其他有效方式送达劳动者。

## 51 离职证明应载明的内容有哪些？

答：离职证明是用人单位在解除或终止劳动合同时，向劳动者出具的证明文件，用于证明双方劳动关系已经解除或终止。首先，向劳动者开具离职证明是用人单位的法定义务，离职证明应载明的内容有：劳动合同期限、解除或者终止劳动合同的日期、劳动者的工作岗位、在本单位的工作年限。其次，要注意，不建议用人单位在离职证明中体现对劳动者的评价性内容，因为离职证明一般是劳动者在入职新单位时的重要文件，如果评价不客观、不准确，会给出具离职证明的单位带来不必要的风险。最后，用人单位需要在离职证明上盖章并注明日期。

## 52 医疗期满，用人单位如何解除劳动合同？

答：根据《劳动合同法》第四十条第一项的规定，用人单位与涉医疗期劳动者单方面解除劳动合同，应在实质层面满足以下条件：其一，劳动者的医疗期已满；其二，劳动者既不能从事原工作，也不能从事由用人单位另行安排的工作。而在程序层面，用人单位应当提前三十日以书面形式通知劳动者本人，或在额外向其支付一个月工资后，方可行使与其单方面解除劳动合同的权利。在此过程中，用人单位还需要注意：1.关于对医疗期满所涉劳动者不能提供劳动的界定。该等界定存有两层递进含义：首先是劳动者无法从事原来的工作；其次是用人单位必须对所涉劳动者作出一次工作内容上的变更，对于新的工作劳动者也不能胜任。鉴于我国现有法律、法规并没有对劳动者在医疗期满后不能提供劳动的情形予以明确，故须由用人单位在劳动用工实务中结合具体情况进行分析。例如，劳动者在医疗期满后仍提出继续休养要求或干脆继续提交病假条的，仅可视为劳动者存有第一层无法从事原工作的客观情况，此时，用人单位应积极与其沟通、督促其返岗，并视情况作出下一步医疗期的管理措施。2. 劳动能力鉴定和医疗补助费。根据原劳动部《企业职工患病或非因工负伤医疗期规定》第六条、第七条的规定，劳动者非因工致残和经医生或医疗机构认定患有难以治疗的疾病，在医疗期内医疗终结或医疗期满，不能从事原工作，也不能从事由用人单位另行安排的工作的，应由劳动鉴定委员会参照工伤与职业病致残程度鉴定标准进行劳动能力的鉴定。而根据原劳动部《关于贯彻执行〈中华人民共和国劳动法〉若干问题的意见》（劳部发〔1995〕309号）第三十五条的规定，所涉劳动者经上述劳动能力鉴定，被鉴定为五至十级的，用人单位在解除劳动合同时须按规定支付经济补偿金和医疗补助费。虽然《劳动合同法》并未将劳动能力鉴定程序规定为医疗期满解除劳动合同的前提条件，但是，鉴于存在上述规定，且各地裁审机关的实践做法有所不同，用人单位须结合用工地的具体劳动用工法规、政策来判断是否需要以劳动能力鉴定作为适用上述解除劳动合同的前置程序，并视情况考虑支付医疗补助费。

## 53 劳动者业绩不达标,用人单位可以解除劳动合同的约定合法吗?

**答:** 约定员工在试用期内业绩不达标为不符合录用条件的,用人单位可以解除劳动合同且无须支付经济补偿金;但对正式员工则不能依据"员工业绩不达标的,用人单位可解除劳动合同"直接解除劳动合同,而须对劳动者进行培训或调岗,员工在培训或调岗后仍不能胜任工作的,用人单位才可以解除劳动合同。需要特别注意的是,在用人单位向劳动者公示的规章制度中,要明确业绩达标的标准及不达标的后果,客观上,用人单位要掌握劳动者业绩不达标的证据。此外,解除劳动合同的通知要依法向劳动者送达,避免违法解除劳动合同。

## 54 公司因业务无法开展进行组织架构调整，取消了员工所在岗位，员工不接受调岗，在没有任何工作安排的情况下按原岗位准时上下班，公司应该怎么处理？

答：如果因为客观的、外在的、不可归责的因素，导致公司业务无法开展，从而进行组织架构调整、取消相关岗位，将相关员工调整至其他岗位，属于用人单位用工自主权的体现。用人单位合理调整劳动者的工作岗位，即基于用人单位生产经营需要、没有降低薪酬待遇、调岗不具有歧视性和侮辱性且调岗后的工作劳动者基本能够胜任等情况下，劳动者应当服从；劳动者拒绝服从的，用人单位可以依据合法有效的规章制度或者劳动合同的约定对劳动者进行相应的处罚；当然，用人单位也可以依据《劳动合同法》第四十条的规定与劳动者协商变更劳动合同内容，协商无法达成一致的，用人单位可以解除劳动合同。如果用人单位并非基于生产经营需要而导致劳动者的岗位被取消，应当妥善安排劳动者，不能依据《劳动合同法》第四十条第三项的规定解除劳动合同，否则，有可能构成违法解除。

## 55 劳动者总是完不成工作任务,用人单位能据此解除劳动合同吗?

答:员工总是完不成工作任务,公司不能据此解除劳动合同。员工总是完不成工作任务,属于不能胜任工作的范畴。依据《劳动合同法》第四十条,公司可以对员工进行培训或调整工作岗位,如果其仍不能胜任,公司在提前三十日以书面形式通知员工或额外支付员工一个月工资的情况下,才可以与员工解除劳动合同,并且应当依法支付经济补偿金。另外需要注意的是,首先,工作任务的具体内容需要用人单位与员工进行过明确约定,并且是依照相同岗位大多数员工普遍都可达到的标准执行的,如果设定的工作任务较重,员工根本无法完成,则不能归责于员工;其次,判断员工不能完成工作任务要有明确、具体的考量标准;最后,对于符合《劳动合同法》第四十二条所规定情形的员工,公司不得以不能胜任工作为由与其解除劳动合同。

## 56 部门裁撤是否属于客观情况发生重大变化？

答：不一定。首先，对"客观情况发生重大变化"的认定应当依据原劳动部《关于〈劳动法〉若干条文的说明》第二十六条，即"客观情况"是指发生不可抗力或出现致使劳动合同全部或部分条款无法履行的其他情况，如企业迁移、被兼并、企业资产转移等，并且排除《劳动法》第二十七条所列的客观情况（即经济性裁员）。其次，企业作为自负盈亏、自主经营的市场经济主体，在经营过程中不可避免地会面临政策性风险和非政策性的商业风险。"部门裁撤"作为企业经营上的一种调整，从表面上看属于企业经营的自主范畴；而实际上，判断"部门裁撤"是否属于"客观情况发生重大变化"需要严格考虑该重大变化是否是当事人不可预见的，例如，是否存在不可抗力致使合同无法履行的情形，如果企业无法证明其作出"部门裁撤"的行为是基于真实的"客观情况发生重大变化"，便可能要承担违法解除劳动合同的不利后果。

## 57 劳动者递交辞职信并办理了工作交接后发现怀孕的，能否撤回辞职信？

答：劳动者撤回辞职请求需要用人单位同意。劳动者递交辞职信且办理工作交接实质上是解除劳动合同的意思表示，一经到达用人单位一方即发生法律效力，而劳动者未能及时发现自己怀孕不属于重大误解的范畴。劳动者与用人单位间的民事行为是双方真实意思表示，合法有效，双方均应当履行。

## 58 劳动者提前三十日递交辞职信,用人单位说不用等三十日,明天就解除,违法吗?

答:用人单位在劳动者提出辞职后立即解除双方劳动合同的行为不违法。法律规定,劳动者提前三十日以书面形式通知公司,可以解除劳动合同。三十日期限的目的是预告用人单位,使用人单位在此期间进行工作交接、工作安排等具体事务,确保正常的工作秩序。用人单位可以在三十日届满时为员工办理离职,也可以主动放弃三十日的期限,随时为员工办理离职手续。因此,用人单位在劳动者提出辞职的第二天为其办理离职的行为不违反法律规定。

## 59 什么是经济性裁员？适用经济性裁员须履行什么程序？

答：经济性裁员，是指劳动合同订立时所依据的客观经济情况发生重大变化致使劳动合同无法履行，或企业依照《中华人民共和国企业破产法》的规定进行重整，或在经营中遇到严重困难，或企业转产等情形发生，用人单位需要裁减20人以上或者裁减不足20人但占企业职工总数10%以上的人员。经济性裁员作为用人单位改善生产经营状况的一种手段，其目的是保障用人单位在市场经济中的竞争和生存能力。《劳动合同法》第四十一条规定了经济性裁员的适用情形及程序要求。对于经济性裁员，用人单位需要提前三十日向工会或者全体职工说明情况，在听取工会或职工的意见后，向劳动行政部门报告裁员方案。用人单位根据劳动行政部门与工会、职工的意见对裁员方案进行修改与完善后，正式公布裁员方案，最后再与被裁人员办理解除劳动合同手续，并支付经济补偿金。同时，用人单位需要注意《劳动合同法》第四十一条规定的裁减人员时应当优先留用的三类人员。

## 60 工会在劳动合同解除过程中的作用有哪些？

答：《中华人民共和国工会法》第二十二条第一款、第二款规定，企业、事业单位、社会组织处分职工，工会认为不适当的，有权提出意见。用人单位单方面解除职工劳动合同时，应当事先将理由通知工会，工会认为用人单位违反法律、法规和有关合同，要求重新研究处理时，用人单位应当研究工会的意见，并将处理结果书面通知工会。《劳动合同法》第四十三条规定，用人单位单方解除劳动合同，应当事先将理由通知工会。用人单位违反法律、行政法规规定或者劳动合同约定的，工会有权要求用人单位纠正。用人单位应当研究工会的意见，并将处理结果书面通知工会。《劳动法》第二十七条第一款规定，用人单位濒临破产进行法定整顿期间或者生产经营状况发生严重困难、确需裁减人员的，应提前三十日向工会或者全体职工说明情况，听取工会或者职工的意见，经向劳动行政部门报告后，可以裁减人员。根据上述三部法律，用人单位在单方解除劳动合同时，事先通知工会属于其法定义务，而工会的作用则相应地体现为对解除劳动合同的监督。

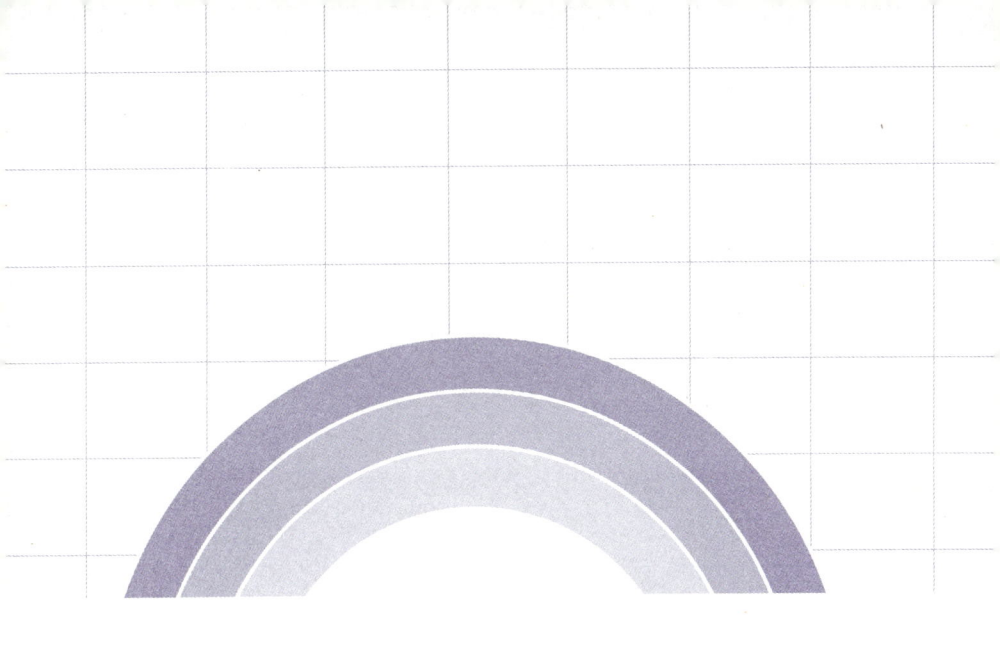

# 第七章
## 劳动合同的终止

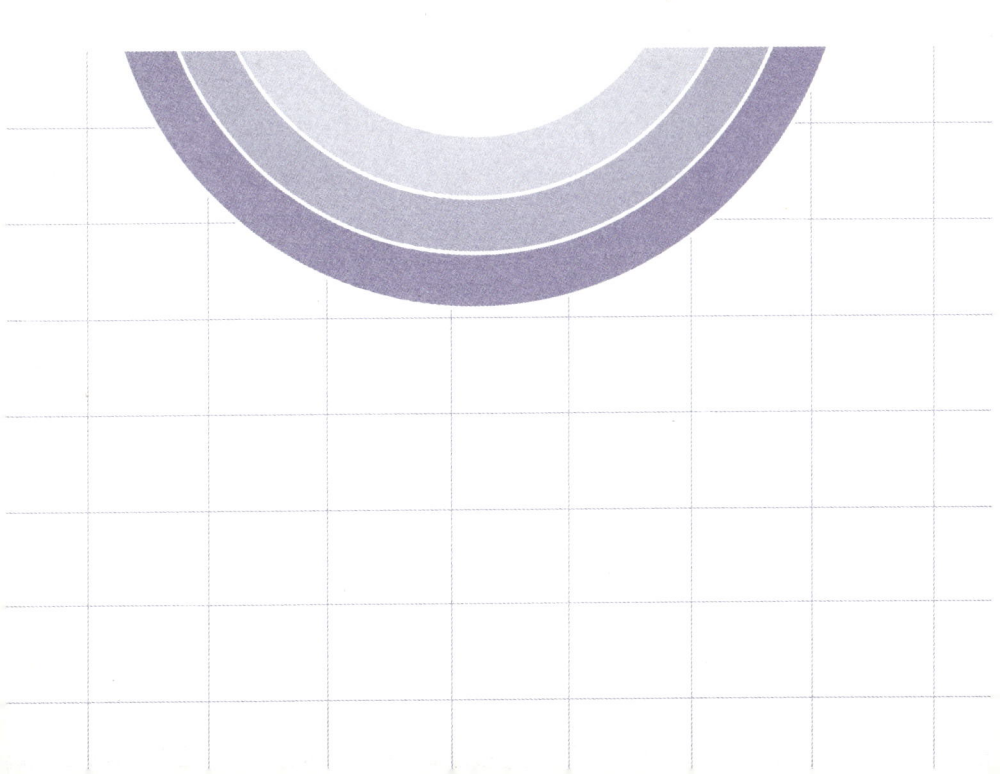

## 61 劳动合同到期终止，用人单位需要提前通知劳动者吗？

**答**：根据《劳动合同法》第四十四条第一项，劳动合同期满的，劳动合同终止。当然，有些地区会有一些特殊规定，例如，《北京市劳动合同规定》第四十条规定，劳动合同期限届满前，用人单位应当提前三十日将终止或者续订劳动合同的意向以书面形式通知劳动者，经协商，办理终止或者续订劳动合同的手续。同时，第四十七条规定，用人单位违反本规定第四十条规定，终止劳动合同未提前三十日通知劳动者的，以劳动者上月日平均工资为标准，每延迟1日支付劳动者1日工资的赔偿金。因此，在北京，劳动合同期满终止的，用人单位需要提前三十日通知劳动者。

## 62 工伤鉴定结论已出，劳动合同已到期，该劳动合同能否终止？

答：在员工工伤鉴定结论出来之后，劳动合同到期，用人单位能否与受伤员工解除劳动合同，要根据员工的伤残等级确定。一级至四级，用人单位不能和伤者解除劳动合同；五级至六级，只能由劳动者提出解除劳动合同；七级至十级，在劳动合同期满或者劳动者主动提出解除劳动合同的时候，双方的劳动合同关系解除。因此，职工因工致残被鉴定为七级至十级伤残的，劳动合同期满，可以终止劳动合同。

## 63 劳动者达到法定退休年龄，但未开始享受养老保险待遇，劳动合同能终止吗？

答：对于在这种情况下劳动合同能否终止，司法实践中一直存在争议。有观点认为，在这种情况下，劳动合同能否终止取决于劳动者不能享受养老保险待遇的原因。如果是因用人单位导致已到法定退休年龄的劳动者不能享受养老保险待遇，则不能随意终止；如果不是因用人单位原因导致的已到法定退休年龄的劳动者不能享受养老保险待遇，如劳动者到用人单位工作之前未缴纳社保或缴纳年份不足，即使用人单位依法缴纳社保也不能使劳动者在退休时享受养老保险待遇，则用人单位可以劳动者达到退休年龄为由，依法终止劳动合同。上述观点相对公允，基本能够照顾到劳资双方的权益。但是，实践中也有观点认为，《劳动合同法实施条例》第二十一条明确规定，劳动者达到法定退休年龄的，劳动合同终止。该规定属于《劳动合同法》第四十四条第六项规定的"劳动合同终止的其他情形"。

因此，用人单位在员工达到法定退休年龄后与其终止劳动合同并不属于法律规定的用人单位需向劳动者支付经济补偿金的情形。[①]

---

[①] 参见北京市高级人民法院（2021）京民申 1859 号。

## 64 劳动合同终止的情形有哪些?

答:《劳动合同法》第四十四条规定,有下列情形之一的,劳动合同终止。(一)劳动合同期满;(二)劳动者开始依法享受基本养老保险待遇;(三)劳动者死亡,或者被人民法院宣告死亡或者宣告失踪;(四)用人单位被依法宣告破产;(五)用人单位被吊销营业执照、责令关闭、撤销或者用人单位决定提前解散;(六)法律、行政法规规定的其他情形。

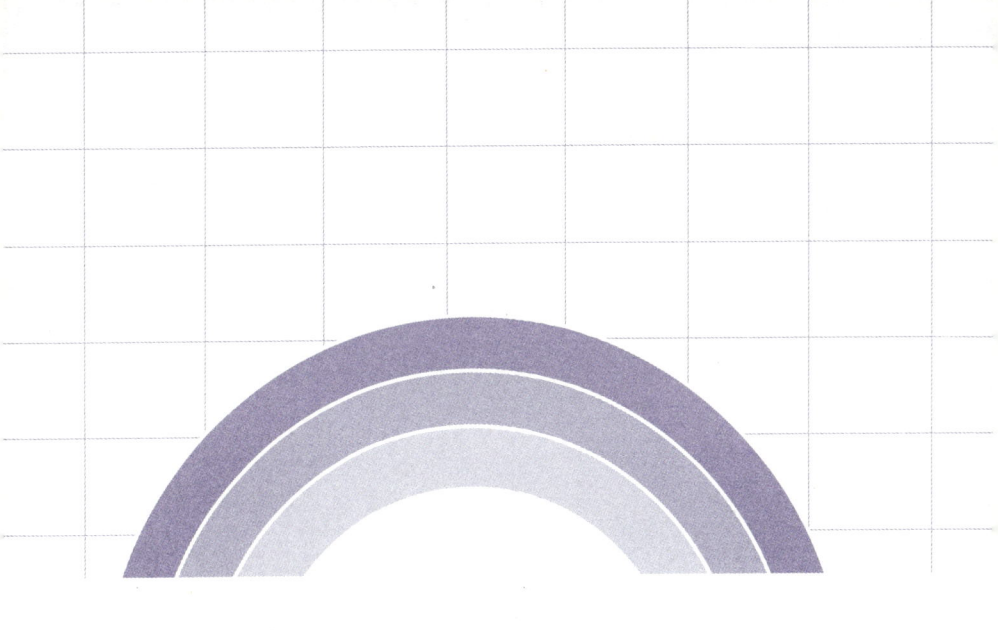

# 第八章
## 经济补偿

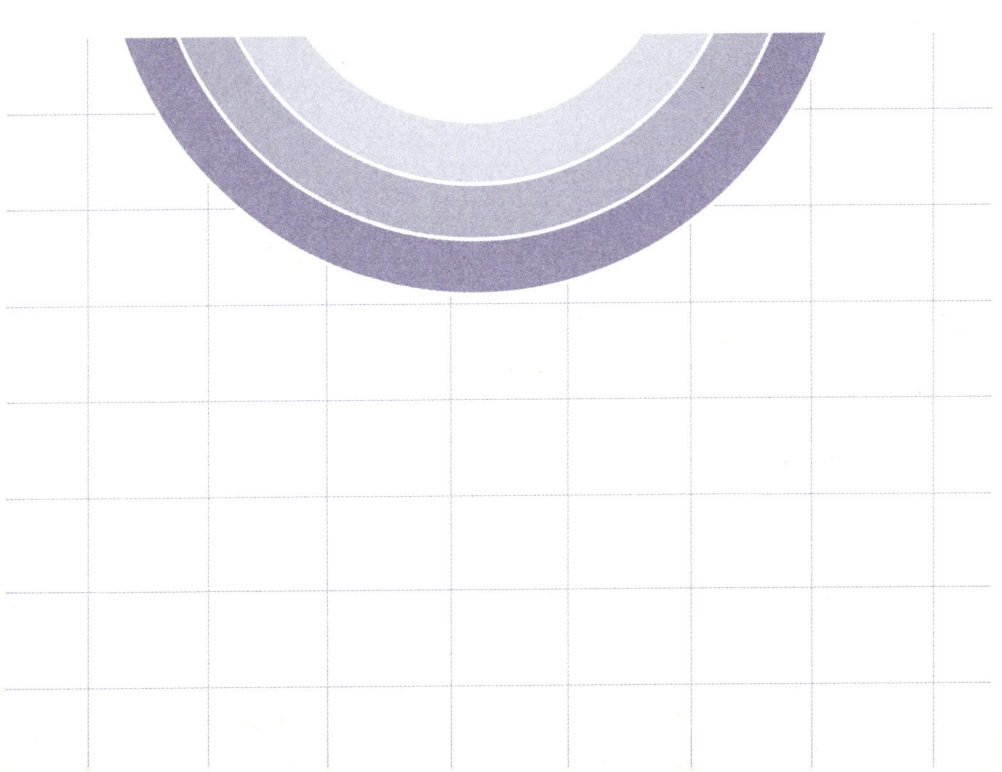

## 65 劳动者辞职,用人单位需要支付经济补偿吗?

**答:** 劳动者辞职分为两种情形。第一种是劳动者因个人原因提出辞职,一般发生在用人单位无过错的情况下;在这种情形下,用人单位不需要支付经济补偿金。第二种是因为用人单位的过错,劳动者被迫提出辞职,这里所谓用人单位的过错包括:1.未按照劳动合同约定提供劳动保护或者劳动条件;2.未及时足额支付劳动报酬;3.未依法为劳动者缴纳社会保险费;4.用人单位的规章制度违反法律、法规的规定,损害劳动者合法权益;5.用人单位订立劳动合同时存在欺诈、胁迫、乘人之危情形致使劳动合同无效;6.法律法规规定的其他情形。此外,用人单位以暴力、威胁或者非法限制人身自由的手段强迫劳动者劳动,或者用人单位存在违章指挥、强令冒险作业危及其人身安全时,劳动者可以立即解除劳动合同,不需要事先告知用人单位。劳动者基于以上情形向用人单位提出辞职的,用人单位需要向劳动者支付经济补偿。

## 66 劳动合同到期终止，用人单位需要支付经济补偿吗？

答：劳动合同到期后，除了用人单位维持或者提高劳动合同约定的条件与劳动者续签劳动合同，劳动者不同意签订的情形外，用人单位均应向劳动者支付经济补偿。《劳动合同法》第四十四条规定了劳动合同因期满终止的情形。《劳动合同法》第四十六条规定，除用人单位维持或者提高劳动合同约定条件续订劳动合同，劳动者不同意续订的情形外，依照本法第四十四条第一项规定终止固定期限劳动合同的，用人单位应当向劳动者支付经济补偿。也就是说，第一次固定期限的劳动合同到期后，用人单位可以选择续订或者不续订劳动合同，如用人单位在劳动合同到期后决定不续订劳动合同，一般应向劳动者支付经济补偿。但是，如果用人单位提出维持或者提高劳动合同约定条件与劳动者续订劳动合同，劳动者不同意续订，用人单位则无须向劳动者支付经济补偿。

## 67 解除劳动合同的经济补偿金如何计税?

答:根据《财政部、国家税务总局关于个人所得税法修改后有关优惠政策衔接问题的通知》(财税〔2018〕164号)第五条第一项的规定,个人与用人单位解除劳动合同所取得的一次性补偿收入(包括用人单位发放的经济补偿金、生活补助费和其他补助费),在当地上年职工平均工资3倍数额以内的部分,免征个人所得税;超过3倍数额的部分,不并入当年综合所得,单独适用综合所得税率表,计算纳税。

## 68 解除劳动合同经济补偿的上限是 12 个月的工资吗?

答：月工资不超过用人单位所在直辖市、设区的市级人民政府公布的本地区上年度职工月平均工资三倍的，不受12个月补偿上限的限制。《劳动合同法》施行后，针对解除劳动合同的经济补偿限制，在第四十七条第一款、第二款进行了明确规定，经济补偿按劳动者在本单位工作的年限，每满一年支付一个月工资的标准向劳动者支付。六个月以上不满一年的，按一年计算；不满六个月的，向劳动者支付半个月工资的经济补偿。劳动者月工资高于用人单位所在直辖市、设区的市级人民政府公布的本地区上年度职工月平均工资三倍的，向其支付经济补偿的标准按职工月平均工资三倍的数额支付，向其支付经济补偿的年限最高不超过12年。也就是说，经济补偿"双限制"的前提是劳动者的月平均工资高于规定的金额。2022年度，北京市法人单位从业人员的年平均工资为178476元，换算成月平均工资为14873元，据此估算，如果劳动者的月工资高于44619元，则计算经济补偿时要有12个月上限的限制。

## 69 加班费要计入经济补偿的计算基数吗？

答：加班费即劳动者延长工作时间的工资，应计入经济补偿的计算基数。根据《劳动合同法实施条例》第二十七条的规定，《劳动合同法》第四十七条规定的经济补偿的月工资按照劳动者应得的工资计算，包括计时工资或者计件工资以及奖金、津贴和补贴等货币性收入。根据原劳动部《关于贯彻执行〈中华人民共和国劳动法〉若干问题的意见》第五十三条的规定，《劳动法》中的"工资"是指用人单位依据国家有关规定或者劳动合同的约定，以货币形式直接支付给本单位劳动者的劳动报酬，一般包括计时工资、计件工资、奖金、津贴和补贴、延长工作时间的工资报酬以及特殊情况下支付的工资等。据此可以认为，应得工资包含延长工作时间的加班费。就北京地区而言，在计算劳动者解除劳动合同前12个月的平均工资时，应当包括计时工资或者计件工资以及奖金、津贴和补贴等货币性收入。其中包括劳动者正常工作时间的工资，还包括其延长工作时间的加班费。

## 70 什么情形下用人单位解除劳动合同不需要支付经济补偿？

答：根据《劳动合同法》第三十九条和《劳动合同法实施条例》第十二条、第二十五条的规定，符合以下情形的，用人单位无须向劳动者支付经济补偿。劳动者在试用期间被证明不符合录用条件的；劳动者严重违反用人单位的规章制度的；劳动者严重失职，营私舞弊，给用人单位造成重大损害的；劳动者同时与其他用人单位建立劳动关系，对完成本单位的工作任务造成严重影响，或者经用人单位提出，拒不改正的；劳动者以欺诈、胁迫的手段或者乘人之危，使用人单位在违背真实意思的情况下订立或者变更劳动合同，致使劳动合同无效的；劳动者被依法追究刑事责任的；地方各级人民政府及县级以上地方人民政府有关部门为安置就业困难人员提供的给予岗位补贴和社会保险补贴的公益性岗位，不适用经济补偿的规定；用人单位违反《劳动合同法》的规定解除或者终止劳动合同的，依照《劳动合同法》的规定支付了赔偿金的，不再支付经济补偿。

第九章

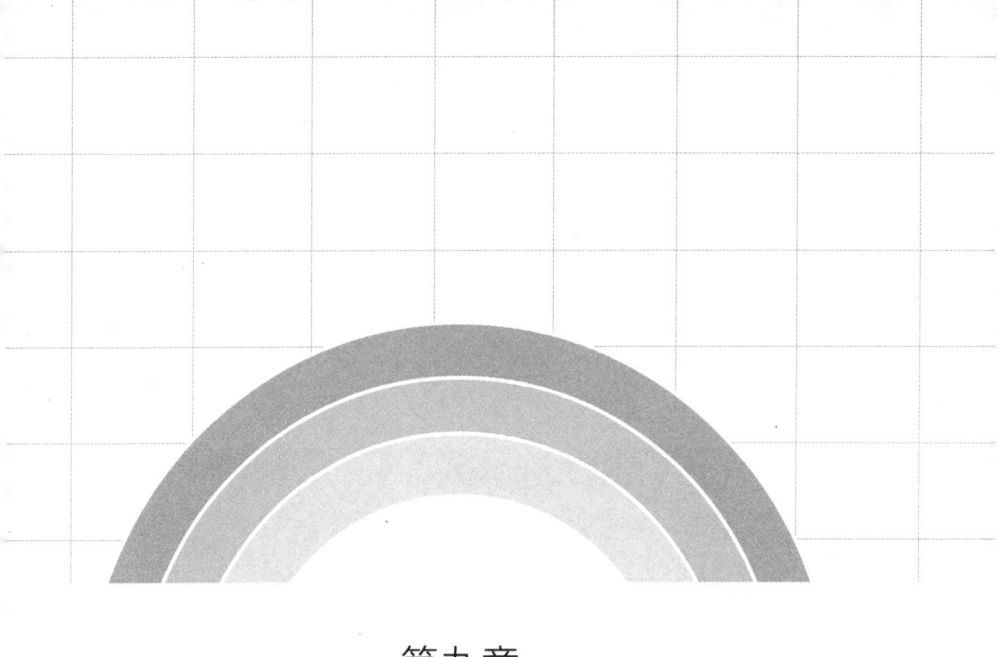

# 员工手册的合法与合规

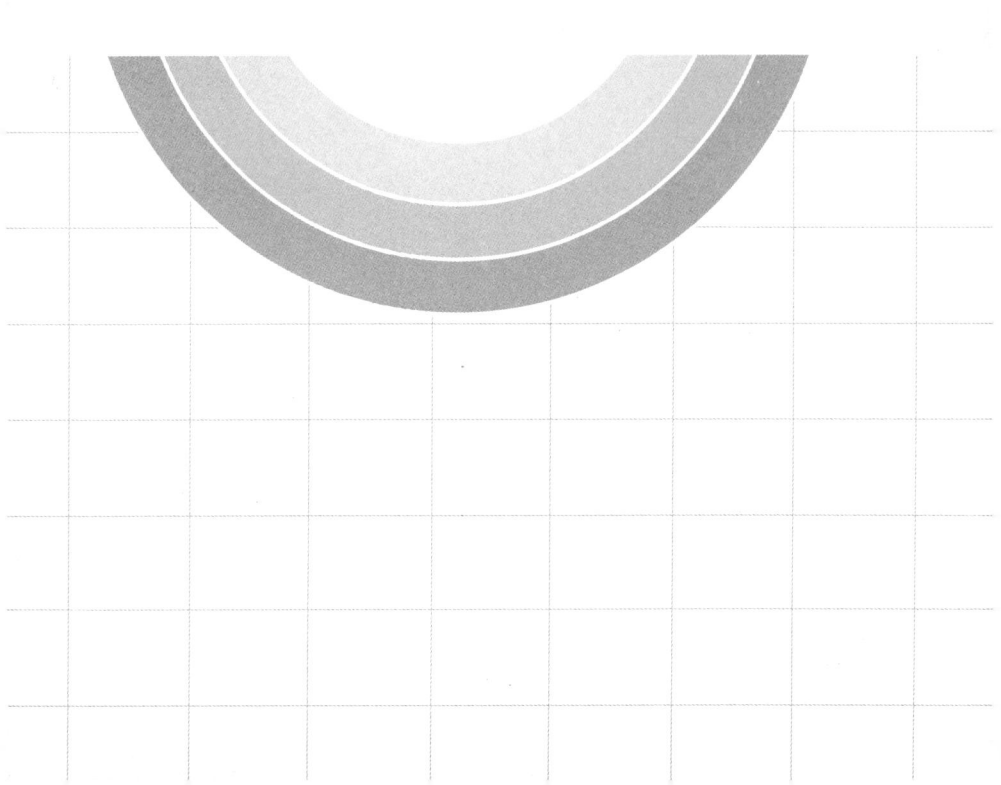

## 71 员工手册需要经过哪些程序才对劳动者发生法律效力？

**答：** 员工手册的制定、修改和适用需要经过民主程序和公示程序。1.员工手册的内容须经过职工代表大会或全体职工讨论、提出方案和意见，由用人单位与工会或者职工代表平等协商确定。2.用人单位在履行民主程序时，应当将签到表、决议签字表存档；职工或职工代表提出疑问的，应当现场进行答疑或者事后统一书面答疑；在征求职工意见后，员工手册的内容最终由用人单位确定。3.员工手册通过民主程序制定后，必须向劳动者公示或者告知，才能作为劳动用工管理的有效依据。用人单位可以通过书面、电子、口头形式进行告知或公示；以电子、口头形式等告知或者公示的，用人单位应当保留证据。

## 72 出差报销的财务制度需要经过民主程序和公示程序吗?

**答:** 根据《劳动合同法》第四条第二款的规定,用人单位在制定、修改或者决定有关劳动报酬、工作时间、休息休假、劳动安全卫生、保险福利、职工培训、劳动纪律以及劳动定额管理等直接涉及劳动者切身利益的规章制度或者重大事项时,应当经职工代表大会或者全体职工讨论,提出方案和意见,与工会或者职工代表平等协商确定。出差报销的财务制度不属于上述与劳动者切身利益密切相关的制度,不需要经过民主程序和公示程序。

## 73 母公司制定的规章制度如何在子公司适用？

**答：**母、子公司的经营范围、用工类型及特征区别不大的，可对母公司的规章制度在子公司内履行民主制定程序（职代会或全体职工参与讨论），通过后，将规章制度向子公司全体职工进行公示或告知。母、子公司的经营范围、用工类型及特征相差较大的，母公司的规章制度的部分内容，如考勤管理、奖惩制度等应当作相应调整，履行民主程序后，应当以子公司的名义发布，并由子公司向劳动者进行公示或告知。

## 74 公司实行新的考勤制度,需要经过民主程序和公示程序吗?

答:考勤制度属于直接涉及劳动者切身利益的规章制度,公司实行新的考勤制度需要经过民主程序和公示程序。《劳动合同法》第四条规定,用人单位应当依法建立和完善劳动规章制度,保障劳动者享有劳动权利、履行劳动义务。用人单位在制定、修改或者决定有关劳动报酬、工作时间、休息休假、劳动安全卫生、保险福利、职工培训、劳动纪律以及劳动定额管理等直接涉及劳动者切身利益的规章制度或者重大事项时,应当经职工代表大会或者全体职工讨论,提出方案和意见,与工会或者职工代表平等协商确定。在规章制度和重大事项决定实施过程中,工会或者职工认为不适当的,有权向用人单位提出,通过协商予以修改完善。用人单位应当将直接涉及劳动者切身利益的规章制度和重大事项决定公示,或者告知劳动者。根据上述规定,如果公司的考勤制度未经民主程序和公示程序,则原则上无法对员工产生约束力。

## 75 用人单位在规章制度中规定"12月31日前离职的员工不发本年度年终奖",该规定是否有效?

**答:** 我国司法实践对于用人单位在制度中规定"12月31日前离职的员工不发本年度年终奖"等类似的奖金发放规则(以下简称离职奖金发放规则)的效力问题存在一定争议。2022年,最高人民法院发布了关于离职员工奖金发放的指导案例183号,根据该指导案例的精神以及现有的司法判例,离职奖金发放规则的效力在司法实践中一般不会被直接否定,裁判机关一般会从员工的离职原因、离职时间及员工的工作表现这三个角度综合考虑,判断用人单位是否需要向员工支付年终奖。具体而言,如果劳动合同的解除不是因为劳动者的单方过失或主动辞职导致,且劳动者已经完成年度工作任务,用人单位不能证明其工作业绩及表现不符合年终奖发放标准,那么裁判机关很有可能会支持员工对于年终奖的诉求。但是,在员工主动辞职或因自身过失导致离职的情况下,离职奖金发放规则仍有一定的适用空间,能够在一定程度上维护企业的合法权益。因此,我们建议企业依据公平合理原则,在员工手册等内部规章制度中设置相关条款,同时确保对该等规章制度履行过民主和公示程序。

## 76 劳动者履行请假手续后去其他单位上班，用人单位应如何处理？

答：可以分以下两种情形分别处理。一是劳动者提供虚假病假证明或编造其他请假事由，违反了用人单位规章制度的，用人单位可根据《劳动合同法》第三十九条第二项的规定解除劳动合同；二是劳动者向原单位提供的系真实病假证明，又去其他单位上班，用人单位可以停发病假工资，要求劳动者限期返回单位复工，如果劳动者拒不改正，用人单位可解除劳动合同。

## 77 员工手册规定"旷工1天扣3天工资",是否合法?

答:用人单位若根据员工手册对旷工1天的劳动者扣3天工资,则该行为属于克扣工资的违法行为,侵犯了劳动者的劳动报酬权。劳动者工作1天可获得1天的工资,旷工1天,只能扣发1天的工资。劳动者的旷工行为给用人单位造成经济损失的,用人单位可根据规章制度,在旷工劳动者的工资中扣除相应损失,但不能超过劳动者当月工资的20%。扣除后的剩余工资低于当地月最低工资标准的,按最低工资标准支付。

## 78 员工绩效差,用人单位可以实施末位淘汰制吗?

答:如果直接与排名末位的员工解除劳动合同,则不符合法律规定,属于违法解除;如果对排名末位的员工实施绩效改进而不涉及解除劳动合同,则法律并不会干涉。员工绩效差、不能胜任工作的,用人单位根据考核结果,可对劳动者进行培训或者调整其工作岗位,经过培训或调岗仍不能胜任工作的,用人单位可以解除劳动合同。用人单位应当制定合法有效的绩效考核制度,对劳动者作出客观、有效的评价,绩效考核制度应当遵循以下原则:1.内容合法:绩效考核制度不能违反法律法规和国家政策,不能侵犯员工的合法权益,不能涉及歧视、侮辱、恐吓等行为。2.程序合法:绩效考核制度需要经过公司的民主程序,征求工会或者职工代表的意见,并在公司内部公示告知,让员工知晓,并书面签字确认。3.执行合法:绩效考核制度需要按照规定的考核指标、考核方法、考核周期进行,不能随意变更或进行人为操纵。同时,对于被解雇的员工,公司需要按照《劳动合同法》的规定处理与其的劳动关系,并支付相应的经济补偿。

## 79 员工在商业交易中向竞争对手透露本公司底价，但规章制度中对此并没有规定，用人单位可以依据什么解除劳动合同？

答：《劳动合同法》第三十九条规定："劳动者有下列情形之一的，用人单位可以解除劳动合同……（二）严重违反用人单位的规章制度的；（三）严重失职，营私舞弊，给用人单位造成重大损害的……"如果公司缺乏规章制度对劳动者在商业交易中向竞争对手透露底价的行为进行约束，则用人单位以《劳动合同法》第三十九条第二项之规定与该劳动者解除劳动合同在司法实践中很难被认可。在这种情况下，用人单位可以考虑评估劳动者的行为是否属于严重失职，换言之，如果劳动者有明确的工作职责范围，则其透露底价的行为便属于故意或者严重过失造成履职过错，用人单位能够举证证明员工的行为给单位造成严重损失的，可以依据《劳动合同法》第三十九条第三项之规定解除与劳动者的劳动合同，无须支付经济补偿金。

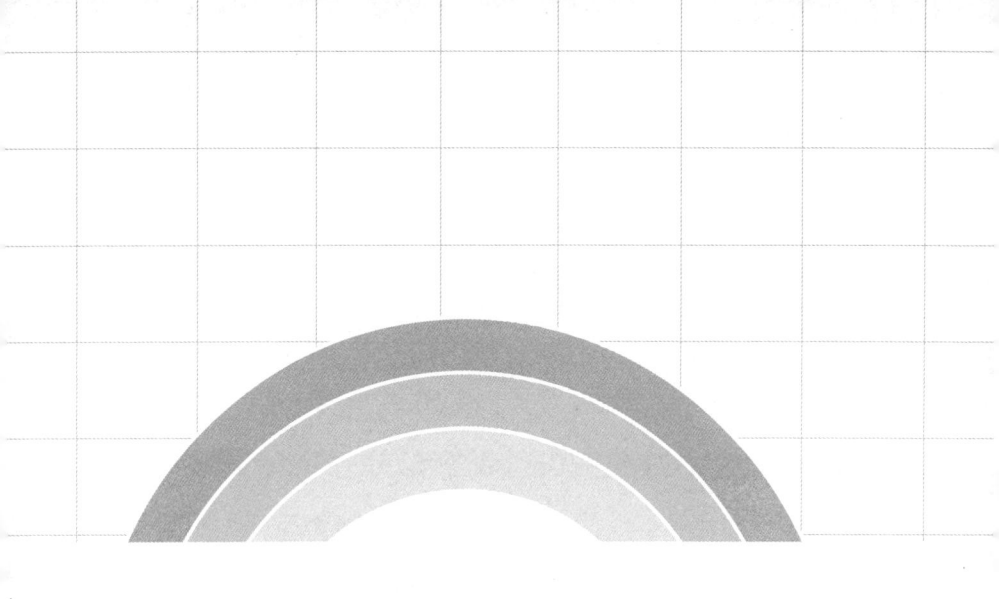

# 第十章
# "三期"女职工的劳动权益保护

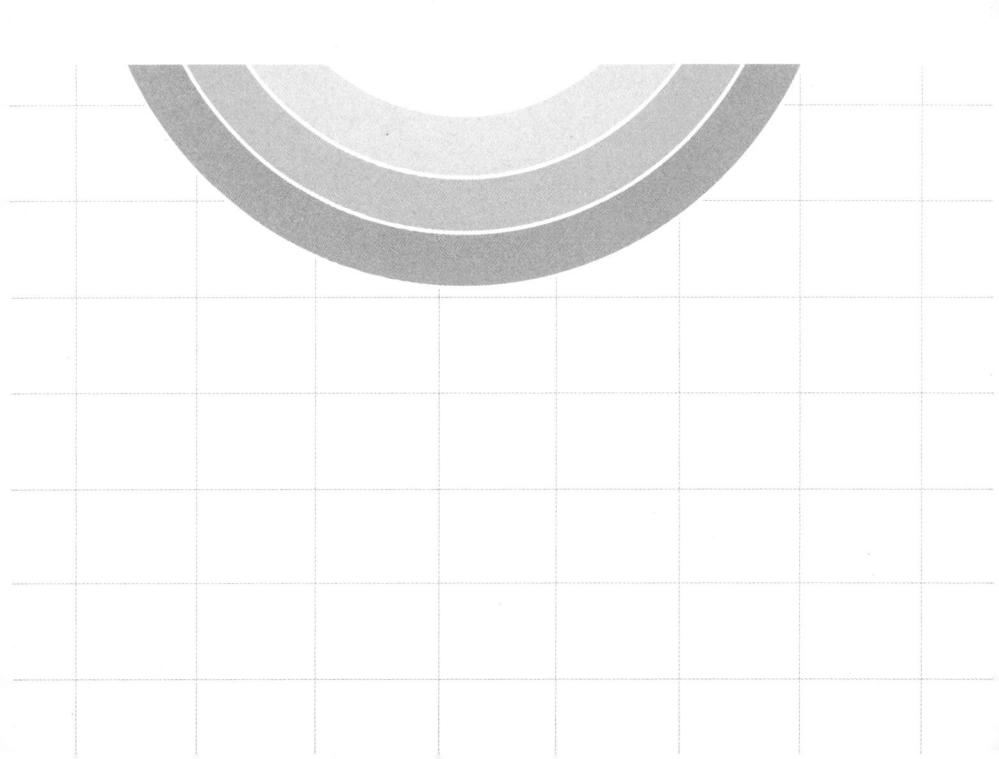

## 80 入职后,用人单位可以要求劳动者在员工登记表中填写孕、产期吗?

答:《劳动合同法》第八条规定:"……用人单位有权了解劳动者与劳动合同直接相关的基本情况,劳动者应当如实说明。"此处提到的"与劳动合同直接相关的基本情况"指的是劳动者的健康状况、知识技能、学历、职业资格、工作经历等,劳动者的婚育状况属于劳动者的个人隐私,劳动者没有向用人单位报告的义务。劳动者入职前,用人单位要求其在员工登记表中填写孕、产期的,属于侵犯女职工的个人隐私权。劳动者入职后,用人单位可以要求其在员工登记表中填写孕、产期,以便用人单位及时了解育龄员工的身体状况,并及时为其提供更好的劳动保护,在这种情况下,要求女职工填写孕、产期等信息是基于对"三期"女职工的特殊保护,并不会侵犯女职工的个人隐私权。

## 81 怀孕职工频繁请长病假,用人单位怎么办?

答:怀孕职工请病假,有两种可能性,一种是真实的病假,即女职工确因身体问题需要保胎休息或由于其他原因需要连续请病假;另一种则是虚假的病假,即个别医生为病人随意开具虚假的病假条。绝大多数用人单位对医院出具的请假证明没有否定的能力,也没有否定的权利;特别是社会上对孕期女职工的权益保护意识还是非常高的,就算女职工通过弄虚作假的方式请病假,如果用人单位拿不出有力的证据,也无法对当事人作出任何处罚。如果是真实的病假,则用人单位应当满足女职工的请求。但如果是虚假的病假,用人单位则可以通过以下四点做好防范措施。1.用人单位有权要求请病假的女员工提供就诊记录、病历卡、病情证明单、医药费证明等,以便对病假的真实性进行形式上的审查,还可以到医院或联系相关医生对病假证明进行核实。2.用人单位可以对请病假的怀孕职工进行探望,以了解女职工病情。3.完善请假程序,明确虚假病假的后果。

4.如果对某员工的病情有怀疑，可要求其到单位指定的医院进行复核。用人单位有义务对孕期女职工进行特殊保护，但如果相关职工存在侵犯用人单位权益的行为，则用人单位可在尽到合理义务的基础上行使管理权，维护自己的权益。

## 82 怀孕职工未经请假连续一周未到岗，用人单位能以旷工为由解除劳动合同吗？

答：根据《劳动合同法》的规定，在女职工怀孕期间，用人单位并非不能解除劳动合同，而是不能以"非过失性解除"和"经济性裁员"等方式解除劳动合同。如果怀孕员工的旷工情形严重违反劳动纪律或用人单位规章制度，且该劳动纪律、规章制度经过民主议定程序，已经对该员工完成公示流程，那么该怀孕员工连续一周未到岗也未请假，经用人单位及时敦促后员工仍不返岗或拒绝按规定履行请假手续的，用人单位可以以旷工为由解除劳动合同。综上，如果怀孕员工已连续一周未到岗也未请假，此时，用人单位不宜直接以旷工为由解除劳动合同，而应及时敦促该员工返岗或按流程履行请假手续。在敦促无果，且该员工旷工情形已达到严重违纪的情况下，用人单位才可以依据有效的劳动纪律或规章制度解除劳动合同，否则用人单位将面临承担违法解除劳动合同责任的风险。

## 83 原岗位已安排他人，用人单位可以对产假结束后返岗的女职工调岗吗？

**答**：用人单位给产假结束返岗的女职工调岗，应与员工协商，不能单方强制调岗，双方未对变更劳动合同（调岗）协商一致的，用人单位应当依法按照原劳动合同约定的条件，包括工作岗位、工作地点、工作内容、工时制度、薪酬标准等继续履行劳动合同。用人单位不得仅以女职工孕产期休假为由强行对其进行调岗，更不得以调岗为名违法降薪、违法辞退。用人单位在行使自主用工权时，仍应注意保护女职工的平等就业权，用人单位仅以女职工孕产期休假为由对其进行调岗缺乏合理性、合法性，在女职工因孕产期休假不能提供劳动期间，用人单位可以根据生产经营需要另行安排人员分担其工作。实践中，如用人单位不能通过现有人员分担孕产期休假女职工工作量，可以在此期间另行聘用短期工或使用劳务派遣等方式暂时承担其相关工作，以保障女职工孕产期休假结束依法返岗的劳动权利。

## 84 女职工产假期间的工资如何发放?

答:如果用人单位没有为员工缴纳生育保险费,则由用人单位向生育女职工支付产假期间的工资,工资标准应按女职工生育前正常满勤的工资标准予以核发,不得因女职工怀孕、生育而降低其工资。如果用人单位为职工缴纳了生育保险费,则由生育保险基金支付生育津贴,按照职工所在用人单位上年度月缴费平均工资除以 30 天再乘以产假天数的方式计发。生育津贴具有产假工资的性质,一般先由用人单位垫付,社会保险部门根据用人单位提供的材料核准生育津贴后,通过社会保险基金拨付给用人单位。为了最大限度地补偿女职工因生育而暂时离开工作岗位的经济收入,切实保障生育女职工的合法权益,生育津贴和产假工资适用"就高不就低"原则,也就是说,如果生育津贴高于原工资标准,则以生育津贴的实际数额转付,反之,则需由用人单位补足差额。

## 85 产假未结束的女职工返岗工作，除了生育津贴，还需要再发一份工资吗？

**答**：对于这个问题，目前法律并无明确规定，因此各地在实务操作中也有较大的差异。有观点认为，如果是女职工主动要求在产假期间工作的，则可以认为是女职工对自身权利的一种放弃，司法实践中也倾向于认为，自愿提前返岗的，产假期间享受生育津贴即可，公司无须另外支付工资。但若是公司安排女职工在产假期间工作的，则处理方式存在一定的争议。《浙江省劳动争议仲裁委员会关于劳动争议案件处理若干问题的指导意见（试行）》第三十七条规定，女职工产假期间，用人单位经本人同意安排女职工工作的，按以下情形支付工资：1.已参加生育保险的，女职工领取生育津贴外，用人单位应支付正常上班的工资；2.未参加生育保险的，用人单位应参照生育保险待遇支付生育津贴，同时支付正常上班的工资。此种规定的理论基础在于将生育津贴定性为女职工因生育而无法提供劳动所享受的社保补助，而非劳动所得，如果在此期间提供了劳动，理应享受相应的劳动报酬。也有观点认为,生育津贴即为产假期间的工资,无论在何种情况下都只能主张一份,如果确实存在公司要求提前返岗工作的情况,可以选择二者中较高的一份。如广东地区便倾向于产假工资和生育津贴不可兼得。《广东省职工生育保险规定》第十七条第二款规定,职工已经享受生育津贴的,视同用人单位已经支付相应数额的工资。生育津贴高于职工原工资标准的,用人单位应当将生育津贴余额支付给职工;生育津贴低于职工原工资标准的,差额部分由用人单位补足。

## 86 产检假是如何规定的？

答：产前检查的具体次数在法律层面并没有统一的规定。《女职工劳动保护特别规定》第六条第三款规定，怀孕女职工在劳动时间内进行产前检查，所需时间计入劳动时间。《孕产期保健工作规范》（卫妇社发〔2011〕56号）规定，孕期应当至少检查5次。其中，孕早期至少进行1次，孕中期至少2次（建议分别在孕16—20周、孕21—24周各进行1次），孕晚期至少2次（其中至少在孕36周后进行1次），发现异常者应当酌情增加检查次数。《出生缺陷防治健康教育核心信息》（国卫办妇幼函〔2019〕723号）规定，孕妇应当在孕12周到医疗机构建立孕产期保健档案（册、卡），定期进行产前检查，及时掌握孕妇和胎儿的健康状况。因此，整个孕期应当至少接受5次产前检查，有异常情况者应当在医生的指导下适当增加产前检查的次数。

## 87 陪产假的概念、天数、请休假程序是如何规定的？

答：陪产假是指依法登记结婚的夫妻，女方在享受产假期间，男方享受的有一定时间看护、照料对方的权利。由此可知，陪产假的适用群体是男性。陪产假的天数应当是自然天数而不是工作日，包括周末、法定节假日。男职工在休陪产假期间，其工资等福利待遇应当正常支付，单位不得克扣或拖欠。不同地区对于男性的陪产假有不同的规定，在此将全国各地的男职工享受的陪产假天数进行归纳。河南、甘肃和云南为30天，广西、内蒙古、宁夏为25天，湖南、四川为20天，北京、山西、辽宁、吉林、黑龙江、江苏、浙江、福建、江西、湖北、广东、重庆、海南、贵州、青海、新疆、西藏、河北为15天，上海为10天，天津、山东为7天。安徽有特殊规定，一般情况为10天，夫妻异地生活的为20天。陕西为15天，特殊情况为夫妻异地生活居住的20天。由于法律没有对陪产假的时间作出明确规定，基于"法无禁止皆可为"的原则，只要休假时间具有合理性，均应当允许。因此，在产前（妊娠期）、产中（分娩）、产后（哺乳期）的陪产假都应当允许。但是男职工在休陪产假时，应当按照用人单位规章制度的规定提供相应的休假证明，如结婚证、出生证明、健康手册等资料，且陪产假应当一次性休完，不得转接。

## 88 员工在试用期内怀孕，用人单位能解除劳动合同吗？

答：若用人单位有较为充分的证据证明该员工在试用期内确实不符合录用条件，则可解除劳动合同。《劳动合同法》第四十二条规定，女职工在孕期、产期、哺乳期内的，用人单位不得依照本法第四十条（无过失性辞退）、第四十一条（经济性裁员）的规定解除劳动合同。由此可见，相关法律对于怀孕女职工确实给予了特殊保护。但这并不意味着用人单位绝对不可以解除与怀孕女职工之间的劳动合同，根据《劳动合同法》第三十九条第一项的规定，员工在试用期被证明不符合录用条件的，用人单位可以解除劳动合同。也就是说，法律仅规定用人单位不得以《劳动合同法》第四十条、第四十一条规定的情形为由，解除与怀孕女职工的劳动合同，若确有证据证明怀孕女职工不符合录用条件，也可以解除劳动合同。

## 89 每天1小时的哺乳时间可以在累计8小时后休1天假吗？

答：首先，《女职工劳动保护特别规定》第九条第二款规定，用人单位应当在每天的劳动时间内为哺乳期女职工安排1小时的哺乳时间；女职工生育多胞胎的，每多哺乳1个婴儿每天增加1小时哺乳时间。由此可以看出，法律仅规定哺乳期女职工每个工作日的哺乳时间，并未规定哺乳时间可以累计使用。其次，哺乳时间的设立目的，是让女职工每天有一定的时间为婴儿哺乳，该规定基于婴儿的生理需要，而集中休息并不能实现该目的。因此，哺乳时间累计后一次性使用既没有法律依据，也不符合立法目的。

## 90 劳动合同在哺乳期内到期的，用人单位应当如何处理？

答：用人单位应将劳动合同延长至哺乳期期满之日。《劳动合同法》第四十四条规定，劳动合同期满的，劳动合同终止。但根据该法第四十二条、第四十五条的规定，劳动合同期满，女职工仍在孕期、产期、哺乳期的，劳动合同应当续延至相应的情形消失时终止。但是，用人单位依法单方解除、终止劳动合同，或者女职工依法要求解除、终止劳动合同的，不在此限。延续期间，用人单位与劳动者无须订立书面劳动合同。就北京地区而言，依据《北京市劳动合同规定》第四十四条的规定，女职工在哺乳期内劳动合同期限届满的，用人单位应当将劳动合同的期限顺延至哺乳期期满为止。劳动者哺乳期期满后，用人单位可根据自身情况决定是否续订劳动合同。

## 91 女职工未婚生育的，可以休产假吗？

答：未婚生育的女职工，依法享有休产假的权益。休产假是法律赋予的孕产期女职工的权利，任何人无权剥夺。《中华人民共和国妇女权益保障法》第五十一条第二款规定，国家建立健全职工生育休假制度，保障孕产期女职工依法享有休息休假权益。《劳动法》第六十二条规定，女职工生育享受不少于90天的产假。《女职工劳动保护特别规定》第七条第一款规定，女职工生育享有98天产假。基于以上规定可知，享有产假假期不以办理结婚登记为前提，只要存在生育的客观情况，女职工即享有法律规定的产假天数。但是，目前就北京地区而言，未婚生育的女职工，一般不能获得延长生育假的奖励。《北京市人口与计划生育条例》第十九条第一款规定，按规定生育子女的夫妻，女方除享受国家规定的产假外，享受延长生育假六十日。该规定针对的是夫妻中的女方，一般理解为并不包含未婚生育的女职工。2022年，国家卫生健康委等17部门联合印发了《关于进一步完善和落实积极生育支持措施的指导意见》，明确完善生育保险等相关社会保险制度。国家医保局待遇保障司副司长在答记者问时表示,在经办服务清单上,享受生育保险生育津贴所需提供的材料不含"结婚证"等材料。[1]

---

[1] 《国家医保局:未婚已育女性办理生育津贴不需要结婚证等材料》,载观察者网,https://www.guancha.cn/politics/2022_08_17_654070.shtml,最后访问时间:2024年5月16日。

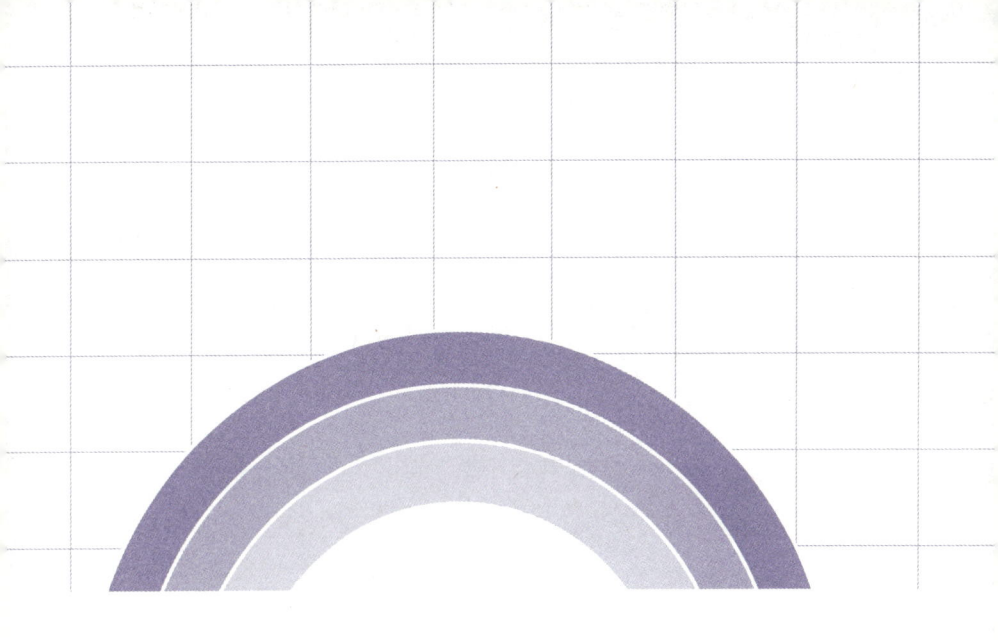

# 第十一章
## 竞业限制

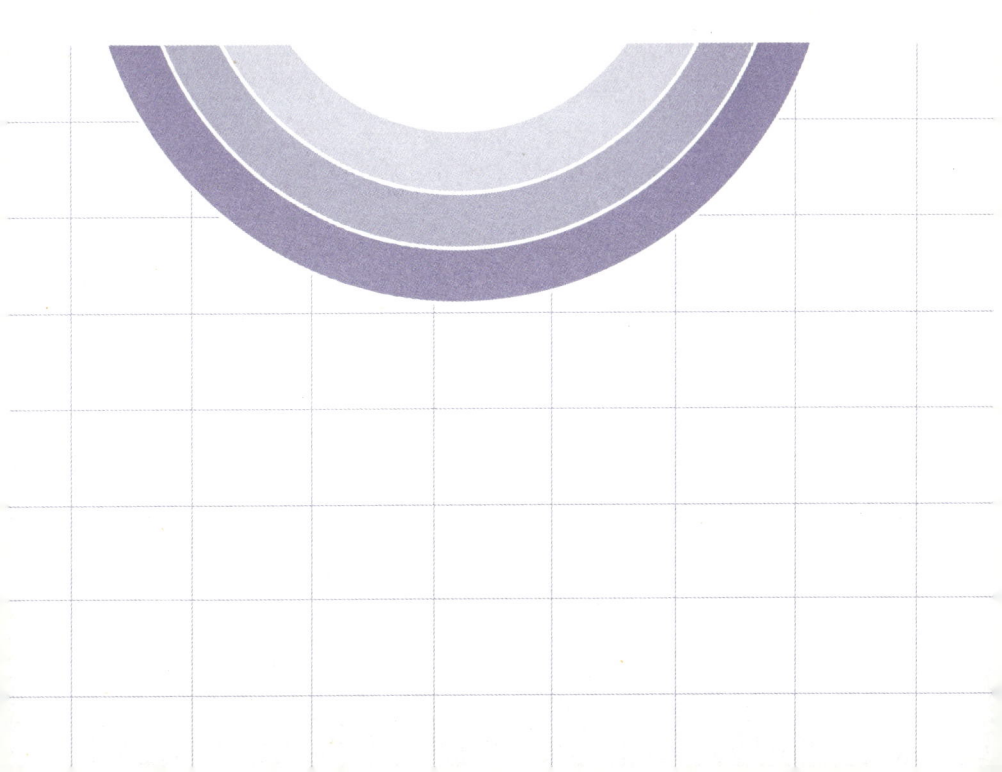

## 92 在职期间履行竞业限制义务的约定是否有效？

答：《劳动合同法》第二十四条第一款规定，竞业限制的人员限于用人单位的高级管理人员、高级技术人员和其他负有保密义务的人员。竞业限制的范围、地域、期限由用人单位与劳动者约定，竞业限制的约定不得违反法律、法规的规定。从该条规定可以看出，法律并没有禁止用人单位与劳动者约定在职期间的竞业限制义务。《劳动合同法》规定，劳动合同解除或终止后，对于履行了竞业限制义务的劳动者，应当按月支付补偿；并未规定在职期间不可以约定竞业限制义务。很多高级管理人员、高级技术人员会在在职期间在外注册公司，或通过合作等方式让他人成为本单位的竞争对手，或者自己直接成为本单位的竞争对手。针对这种情况，在法律没有禁止性规定的前提下，应认定在职期间履行竞业限制的约定有效。这在多个案例中也有体现，如苏州市中级人民法院 2021 年发布的竞业限制典型案例中的案例八认为，在职违反竞业限制义务，应根据违法获利判赔损失；2022年度南京法院劳动人事争议十大典型案例中的案例一认为，高级技术人员在职期间为其他竞争性企业提供服务并获取报酬，应认定为违反竞业限制义务。因此，我们建议用人单位在劳动合同中约定或者单独签订保密与竞业限制协议，在协议中约定，劳动者在职期间也负有竞业限制义务，明确禁止劳动者在在职期间与其他用人单位建立劳动关系或以参股、任职等方式参与其他主体的经营，更不得变相开展同类竞争业务；同时也可以将在职期间的竞业限制义务约定为法定职责，它是诚信义务和职业操守的体现，用人单位无须就此额外支付经济补偿，并可约定违约责任。

## 93 竞业限制补偿金的标准是如何规定的?

答:《最高人民法院关于审理劳动争议案件适用法律问题的解释(一)》第三十六条规定,当事人在劳动合同或者保密协议中约定了竞业限制,但未约定解除或者终止劳动合同后给予劳动者经济补偿,劳动者履行了竞业限制义务,要求用人单位按照劳动者在劳动合同解除或者终止前十二个月平均工资的30%按月支付经济补偿的,人民法院应予支持。前款规定的月平均工资的30%低于劳动合同履行地最低工资标准的,按照劳动合同履行地最低工资标准支付。据此,可以理解为竞业限制补偿有约定的遵从约定,没有约定的按照解除或终止劳动合同前12个月平均工资的30%(以下简称30%)确定。而实践中存在约定的竞业限制补偿金标准低于工资30%甚至低于最低工资标准的情况。在这种情况下,该约定是否有效、是否需要按照30%的标准补足差额,从各地出台的细则及相关判例来看,是存在争议的。如浙江地区就认为,30%和最低工资标准是下限,如果约定的经济补偿过低,应当按30%的标准补足差额,并不得低于当地最低工资标准。而上海地区则认为，经济补偿有约定的应遵从约定，即便低于司法解释规定的标准也应当认定有效，所以不认为应当按30%的标准补差，具体参见2020年4月29日上海市虹口区人民法院和虹口区劳动人事争议仲裁院联合召开的新闻发布会发布的《上海市虹口区竞业限制劳动争议仲裁与审判白皮书（2017年—2019年）》中的第三则案例"竞业限制经济补偿标准的可依约履行——何某与某货物运输代理公司竞业限制纠纷案件"。为避免纠纷，建议用人单位参考司法解释的规定，提前在协议中约定经济补偿金的标准，并不得低于当地最低工资标准。

## 94 竞业限制违约金的标准如何确定？

答：《劳动合同法》第二十三条第二款规定，劳动者违反竞业限制约定的，应当按照约定向用人单位支付违约金。对于违约金的金额及计算方法，法律并未明确规定，应当遵从双方的约定。但实践中存在违约金的约定过高、无法赔付，劳动者主张调低的情况，也有违约金、约定过低、无法弥补实际损失，用人单位主张调高的情况。从实践来看，参照竞业限制补偿金确定违约金的判法相对常见，大多数法官倾向于以补偿金的 1 至 3 倍为标准。所以，用人单位与劳动者在竞业限制协议中约定的违约金以竞业限制补偿金的 3 倍为参照相对合理，也相对更容易得到法院的支持，当然，企业可以根据自己的情况进行调整，只要不存在过分高于实际损失的不合理情形，一般能得到法院的支持。

## 95 能否约定违反保密协议的员工须向用人单位支付违约金?

答:《劳动合同法》第二十五条规定,除本法第二十二条和第二十三条规定的情形外,用人单位不得与劳动者约定由劳动者承担违约金。也就是说,只有在《劳动合同法》规定的两种情形下才可以要求劳动者承担违约金,即违反服务期约定及违反竞业限制义务。违反保密协议泄露商业秘密的,用人单位只能要求劳动者赔偿因此给企业造成的损失,如果构成犯罪,可以移送公安机关。我们建议:在经营的过程中一旦发现劳动者有违反保密协议的行为,应先注意收集劳动者违反保密协议约定的行为证据,只有过错行为被认定,才存在损失赔偿问题。同时,为了避免在损失的计算方法上争议过多,建议用人单位和劳动者在保密协议中约定损失赔偿的计算方法,一般以实际损失为准,如果实际损失难以计算,可以约定为劳动者的违约行为所得的全部收入。

## 96 劳动者可以提前解除竞业限制协议吗？

答：用人单位与劳动者约定了劳动合同解除或终止后劳动者承担竞业限制义务的，用人单位及劳动者均应按约定履行各自的义务，即用人单位应按月向劳动者支付竞业限制经济补偿，而劳动者在竞业限制期内不得到与用人单位生产或者经营同类产品、从事同类业务的有竞争关系的其他用人单位就业，亦不得自己开业生产或者经营同类产品、从事同类业务。根据《劳动合同法》第二十四条的规定，解除或终止劳动合同后，上述竞业限制期最长为两年。根据《最高人民法院关于审理劳动争议案件适用法律问题的解释（一）》第三十八条的规定，当事人在劳动合同或者保密协议中约定了竞业限制和经济补偿，劳动合同解除或者终止后，因用人单位的原因导致三个月未支付经济补偿，劳动者请求解除竞业限制约定的，人民法院应予支持。

## 97 用人单位可以提前解除竞业限制协议吗？

答：根据《最高人民法院关于审理劳动争议案件适用法律问题的解释（一）》第三十九条的规定，在竞业限制期限内，用人单位请求解除竞业限制协议的，人民法院应予支持；在解除竞业限制协议时，劳动者有权要求用人单位额外支付三个月的竞业限制经济补偿。需要指出的是，虽然相关法律、法规及司法解释并无明文规定，但劳动者"额外支付三个月的竞业限制经济补偿"之请求权在劳动合同解除或终止且实际履行了竞业限制义务的前提下方可主张。

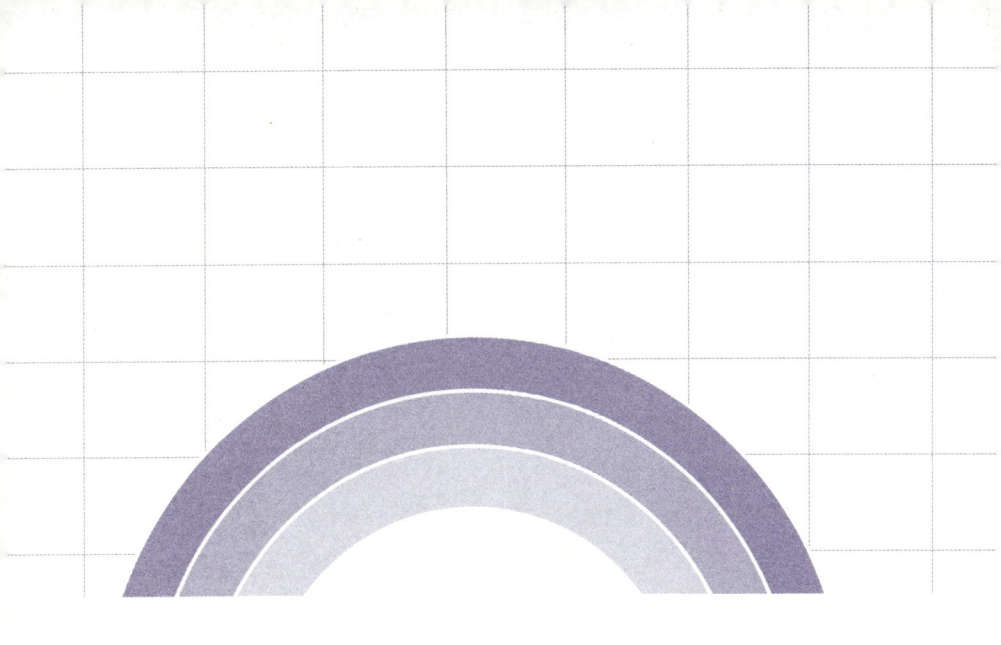

# 第十二章
# 劳务派遣与劳务外包

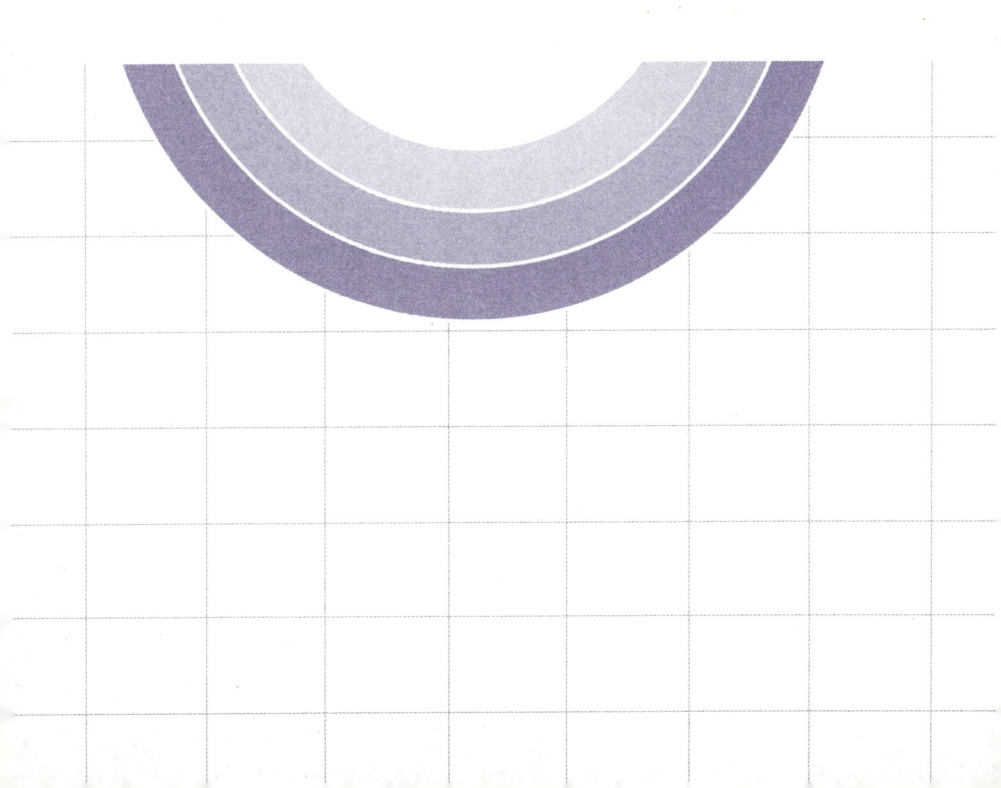

## 98 劳务派遣和劳务外包有什么区别？

答：劳务派遣，是指劳务派遣单位与用工单位之间签订"劳务派遣协议"，将与劳务派遣单位建立劳动关系的劳动者派遣至用工单位，被派遣劳动者向用工单位提供劳动的一种法定用工形式。劳务外包，则是指发包单位将其工作或任务发包给劳务承包单位，由承包单位自行安排人员，按发包单位的要求完成工作或任务的经营模式。

劳务派遣和劳务外包之间的区别有以下几个方面。1.两种法律关系适用的法律不同。在劳务派遣法律关系中，被派遣劳动者与劳务派遣单位、用工单位之间主要适用《劳动法》与《劳动合同法》，而在劳务外包法律关系中，发包单位与劳务承包单位之间主要适用《中华人民共和国民法典》。2.提供服务单位的性质不同。劳务派遣单位的注册资本应不低于200万元且须取得劳动行政部门的行政许可，而劳务承包单位则可以是法人或其他组织，法律法规并未规定明确的市场准入条件；此外，若劳务承包者是自然人，发包单位与该自然人之间还可能被认定存在劳动关系。3.在这两种法律关系中，提供劳动者的管理主体不同。被派遣劳动者接受用工单位的用工管理，而发包单位并不参与对劳务承包单位人员的管理。4.报酬计算的标准不同。在劳务派遣关系中，劳务派遣单位与用工单位计算报酬的标准是被派遣劳动者的劳动报酬，既涉及被派遣劳动者的具体工资标准，又涉及被派遣劳动者的数量；而在劳务外包关系中，发包单位与承包单位服务的计算报酬标准是"工作量"或"任务量"。5.在劳务派遣关系中，用工单位给被派遣劳动者造成损害的，劳务派遣单位与用工单位承担连带赔偿责任；而在劳务外包关系中，一般情况下，发包单位对劳务承包单位的人员不承担任何法律责任。

## 99 派遣工签订的两次及以上固定期限劳动合同到期,派遣公司能否终止到期的劳动合同?

答:《劳动合同法》第五十八条明确规定,劳务派遣单位是劳动者的用人单位,应当履行用人单位对劳动者的义务;第十四条规定,连续两次订立的固定期限劳动合同期满时,如劳动者提出续订无固定期限劳动合同,则用人单位应当与劳动者续订无固定期限劳动合同。因此,根据上述规定,被派遣劳动者与派遣公司之间连续订立的第二次固定期限劳动合同期满时,派遣公司可以表示终止劳动合同,但如被派遣劳动者此时提出续订无固定期限劳动合同,则派遣公司不能终止劳动合同,而应与被派遣劳动者续订无固定期限劳动合同。

但在实践中,有些地区对上述规定的理解、适用不尽相同。比如,2023年4月27日,天津市高级人民法院召开劳动争议审判工作情况新闻发布会,发布了八个典型案例。在典型案例七中,法院生效裁判认为,李某与某劳务公司系劳务派遣合同关系，双方签订的固定期限劳动合同，系双方的真实意思表示，现该合同（编者注：第二次固定期限）因到期而终止，某劳务公司应向李某支付相应的经济补偿金。因法律并无要求派遣单位与被派遣劳动者签订无固定期限劳动合同的强制性规定，故某劳务公司与李某不再续签合同不违反法律规定，对李某的主张不予支持。

## 100 劳务派遣单位、用工单位和劳动者的权利义务分别是什么？

答：1.劳务派遣单位的义务：依法取得行政许可、依法登记；与用工单位签订劳务派遣协议，并履行相应的法定义务；与被派遣劳动者签订劳动合同（两年以上固定期限）、依法支付劳动报酬、依法缴纳社会保险，履行相关法律法规规定的用人单位对劳动者的义务；如实告知被派遣劳动者《劳动合同法》第八条规定的事项、应遵守的规章制度以及劳务派遣协议的内容；建立培训制度，对被派遣劳动者进行上岗知识、安全教育培训；不得克扣用工单位按照劳务派遣协议支付给被派遣劳动者的劳动报酬，不得向被派遣劳动者收取费用；督促用工单位依法为被派遣劳动者提供劳动保护和劳动安全卫生条件；被派遣劳动者在用工单位因工作遭受事故伤害的，劳务派遣单位应当依法申请工伤认定并承担工伤保险责任（可与用工单位约定补偿办法）；提供被派遣劳动者职业病诊断、鉴定所需的其他材料；依法出具解除或者终止劳动合同的证明；用工单位给被派遣劳动者造成损害的，劳务派遣单位与用工单位承担连带赔偿责任。2.劳务派遣单位的权利：依法对被派遣劳动者进行用工管理；依法解除、终止与被派遣劳动者的劳动合同。3.用工单位的义务：与劳务派遣单位签订劳务派遣协议，并履行相应的法定义务；执行国家劳动标准，提供相应的劳动条件和劳动保护；告知被派遣劳动者的工作要求和劳动报酬，不得向被派遣劳动者收取费用；支付加班费、绩效奖金，提供与工作岗位相关的福利待遇，对被派遣劳动者实行同工同酬；对在岗被派遣劳动者进行工作岗位所必需的培训；连续用工的，实行正常的工资调整机制；协助被派遣劳动者工伤认定（含职业病诊断）的调查核实工作，如实提供相关资料，并按与劳务派遣单位之间的约定承担对被派遣劳动者的补偿责任；在被派遣劳动者申请进行职业病诊断、鉴定时负责处理职业病诊断、鉴定事宜，并如实提供职业病诊断、鉴定所需的劳动者职业史和职业危害接触史、工作场所职业病危害因素检测结果等资料；用工单位不得将被派遣劳动者再派遣到其他用人单位；严格控制劳务派遣用工数量，该数量不得超过其用工总量的规定比例；用工单位给被派遣劳动者造成损害的，劳务派遣单位与用工单位承担连带赔偿责任。4.用工单位的权利：依法对被派遣劳动者进行用工管理；依法将被派遣劳动者退回劳务派遣单位。5.被派遣劳动者的义务：按劳动合同约定提供劳动；遵守劳务派遣单位及用工单位的相关规章制度，接受劳务派遣单位及用工单位合法、合理的用工管理。6.被派遣劳动者的权利：依法及按约定获得劳动报酬及相关福利待遇；依法参加或组织工会；依法解除、终止劳动合同。

### 图书在版编目(CIP)数据

企业劳动用工风险管控合规百问 / 北京市东城区律师协会编著. -- 北京：中国法制出版社，2024.7.
（企业人力资源管理与法律顾问实务指引丛书）.
-- ISBN 978-7-5216-4557-6

Ⅰ.D922.505

中国国家版本馆CIP数据核字第20248B4D29号

责任编辑：马春芳　　　　　　　　　　　　封面设计：李　宁

## 企业劳动用工风险管控合规百问
QIYE LAODONG YONGGONG FENGXIAN GUANKONG HEGUI BAIWEN

编著 / 北京市东城区律师协会
经销 / 新华书店
印刷 / 三河市紫恒印装有限公司
开本 / 880毫米×1230毫米　32开　　　　印张 / 5.75　字数 / 108千
版次 / 2024年7月第1版　　　　　　　　　2024年7月第1次印刷

中国法制出版社出版
书号ISBN 978-7-5216-4557-6　　　　　　　　　　　　定价：35.00元

北京市西城区西便门西里甲16号西便门办公区
邮政编码：100053　　　　　　　　　　　传真：010-63141600
网址：http://www.zgfzs.com　　　　　　　编辑部电话：010-63141822
市场营销部电话：010-63141612　　　　　印务部电话：010-63141606
（如有印装质量问题，请与本社印务部联系。）